Bernardo Guimarães

La esclava Isaura

Jerome Branche
Edición, introducción y notas

A partir de la traducción castellana de Julia Calzadilla

ISBN: 1-930744-40-4
© Serie *Clásicos de América*, 2009
INSTITUTO INTERNACIONAL DE
LITERATURA IBEROAMERICANA
1312 Cathedral of Learning
University of Pittsburgh
Pittsburgh, PA 15260
412-624-3359 • 412-624-0829 fax
iili@pitt.edu • http://www.pitt.edu/~hispan/iili/index.html

Colaboraron en la preparación de este libro:

Composición, diseño gráfico y tapa: Erika Braga
Correctores: Arturo Matute Castro y Jorge Zavaleta

Bernardo Guimarães

La esclava Isaura

La novela de Guimarães que ahora presentamos narra, en resumidas cuentas, la historia de la emancipación de una mujer esclavizada en el Brasil del primer tercio del siglo diecinueve, que es rescatada por un hombre de la élite, quien se enamora de ella. Reconocida como una de las pocas novelas de temática abolicionista en el Brasil decimonónico, *La esclava Isaura* (1875), avanza también la idea del derecho del individuo, aun el esclavizado, al amor y a la dignidad del espíritu, y protesta ante las ideas heredadas de la primacía social de la riqueza y el abolengo, temas que venían reivindicándose desde la literatura renacentista y que habían cobrado un mayor auge con la Ilustración. La contradicción que limita la proyección ideológica liberadora de esta obra de Guimarães, sin embargo, estriba en la temática racial y en la misma definición del abolicionismo. En cuanto el narrador enfatiza que la esclavitud que sufre su heroína mestiza es injusta porque ella es "demasiado blanca" para ser esclavizada (su padre es portugués), revela una tácita aprobación de la naturalización de la relación entre los llamados negros y la subjetividad esclava. Se observa además, que no obstante su premisa abolicionista, el libro hace caso omiso de las grandes masas de esclavizados africanos y afrocriollos en el Brasil. Como veremos a continuación, esta toma de posición pone a Guimarães junto al resto de la intelectualidad brasileña decimonónica con respecto al tema de la esclavitud y contribuye a la narrativización fundacional de la nación.

Aunque sí existe una literatura brasileña sobre el tema esclavo en los géneros de poesía, teatro, prosa y ensayo, ésta es muy reducida y su llegada es tardía. El que la obra de Guimarães haya sido consagrada por la crítica y la historiografía literaria nacionales específicamente por su supuesto contenido abolicionista (Proença Filho 22), nos alerta no sólo sobre la aplicación curiosa de este concepto a la novela y a otras obras de su tipo, sino también sobre la motivación que yace tras el uso analítico del término. Se nota, por ejemplo, una variedad de intereses autoriales e ideológicos en la novela también "abolicionista" de Joaquim Manuel de Macedo *As vitimas algozes* (*Las víctimas verdugos*, 1869), y en los versos del llamado "poeta de los esclavos", Antonio de Castro Alves (1847-1871), todos parte de un demorado Romanticismo brasileño.

De hecho los millones de africanos y afrocriollos cuyo trabajo forzado sostuvo la colonia y el nuevo imperio brasileño (1822-1899), habían permanecido invisibles a los ojos de la capa letrada prácticamente durante todo el período colonial. Dada la cosificación inherente a la relación entre amos y esclavos en el Brasil, y la naturaleza estéril y automatizada del quehacer laboral, sugiere un estudioso del tema, es posible que a los ojos de los letrados, los "negros" de sus casas y haciendas no fueran dignos de la elevada contemplación estética de la literatura (Haberly 1972, 32). Así, vemos que la amplia gama temática y el espíritu de campaña que caracteriza al abolicionismo literario metropolitano (europeo y estadounidense), que produce miles de poemas, novelas y autobiografías a partir del siglo dieciocho, no tiene correspondencia en el escenario brasileño, en el cual ni la trata ni las condiciones de trabajo forzado van a ser motivos de inspiración directa.[1]

El putativo interés abolicionista de la literatura brasileña viene después de que fuese abolida la trata en 1850 como resultado de la presión política inglesa y cuando la institución en el resto del hemisferio estaba o bien caduca o moribunda. Además de demorarse en llegar, en vez de inspirarse en la reivindicación de los oprimidos, como dijimos, esta literatura se orientó a grandes rasgos hacia la preservación del poder racializado, buscando apoyo en las teorizaciones del racismo científico del momento y en los tradicionales esquemas de jerarquía socio-racial. Para los intelectuales brasileños de la segunda mitad del siglo XIX, resultaban más preocupantes los supuestos requisitos de la modernidad industrial y la proyectada incapacidad del sujeto afro (brasilero) para insertarse en ella. Ante un discurso "abolicionista" que declara enemiga a la comunidad esclavizada, como es el caso de la mencionada novela de Macedo, o que sólo

---

[1] No es de subestimar la dinámica de poder en esta literatura, sin embargo, sobre todo lo que tenga que ver con la agenda de los amanuenses blancos ante sus autógrafos afrocriollos y la imagen de gratitud y redención cristianas que a menudo caracterizaba a sus personajes.

mirase una esclavitud distante en el tiempo y en el espacio, como sucede en el más famoso poema de Castro Alves, su "Navío negrero", no es de sorprender que David Haberly haya hecho un llamado para "abolir" el supuesto abolicionismo literario y los esfuerzos por construir un "canon" a partir de él, sobre todo dada su postura antiafro (1972, 46).

Por cierto, el fenómeno de la esclavitud en cuanto realidad histórica ha representado un dilema para las prácticas discursivas y de rememoración no sólo en el Brasil, sino en el Atlántico esclavista en su totalidad, y el abolicionismo como narrativa crítica y reivindicadora, cuando aparentemente ocurre, es a menudo diluido y saneado para conformarlo a los intereses dominantes y del estado. Es este el caso de la representación fílmica de momentos icónicos en la historia de la rebeldía antiesclavista, como son las películas *Amistad* (1997), de Steven Spielberg en Estados Unidos, *Quilombo* (1984), de Carlos Diegues en el Brasil, y *La última cena* (1976) de Gutiérrez Alea, en la Cuba revolucionaria. Varios comentaristas señalan la manera en que en cada instancia la narrativa o distorsiona o folkloriza la agencia afro para producir consensos políticamente aceptables. Así la rebeldía cimarrona en el filme de Alea es subsumida a la lucha anticolonial cuyo clímax fuera la revolución castrista. De modo parecido el triunfo judicial particular de los rebeldes de la nave negrera *Amistad* viene a enfatizar la pureza ideológica de los próceres estadunidenses mientras la institución sigue intacta en la nación misma y los Cuáqueros, verdaderos protagonistas de la campaña abolicionista, quedan marginalizados. En el caso de *Quilombo*, es la apropiación del simbolismo libertador de la histórica comunidad cimarrona de Palmares por el estado a través del Cinema Novo, y los motivos de erotismo y carnaval lo que llaman la atención crítica, sobre todo dada la atenuación de la violencia que conlleva el proceso esclavizador colonial.[2]

Ante lo que podría denominarse una violación ética de la historia perpetrada por una discursividad distorsionadora, la autora afroestadounidense Toni Morrison, ganadora del Premio Nobel, hace una pregunta interesante acerca de la invisibilización de los personajes afro en su literatura nacional y por extensión en las otras literaturas nacionales del hemisferio: "¿Qué hazañas intelectuales debieron practicar tantos críticos o autores para borrarme de una sociedad empapada de mi presencia…?" –dice, agregando con respecto al dilema producido por tales actos de omisión: "¿Cuáles deben ser las estrategias para escaparse del conocimiento de ese olvido deliberado?"[3] Parte de la respuesta para Morrison y para muchos otros autores de ascendencia africana en el Nuevo Mundo ha sido el intento de recuperación de la historia y la memoria afro a través de lo que podría llamarse la escritura neoabolicionista. Desde hace medio siglo ésta viene articulando una discursividad alternativa a las historias oficiales nacionales y canónicas, no sólo en Estados Unidos, sino también en Europa, el Caribe, y en el mismo Brasil.[4]

El silencio académico sobre el sujeto afrobrasilero en las décadas inmediatamente posteriores a la abolición, es decir, antes de 1930, precedido por la destrucción de los documentos

---

[2] Véase por ejemplo Consuelo Navarro, Alexandra Isfahani-Hammond (85-87).

[3] "What intellectual feats had to be performed by the author or his critic to erase me from a society seething with my presence, and what effect has that performance had on the work? What are the strategies to escape from the knowledge of willful oblivion?" Traducción del editor.

[4] Véase Ashraf Rushdy, "The Politics of the Neo-Slave Narratives".

relacionados con la esclavitud por Rui Barbosa, el entonces Ministro de Hacienda, en Río de Janeiro en 1890, nos recuerda el agudo sentido de vergüenza sobre el tema que sufría la élite intelectual brasileña del siglo XIX (Borges 41). Una incomodidad ante la presencia afro se había notado desde los primeros días de la primera independencia del país (1822), y tenía como base tanto el miedo a la violencia "vengativa" de los esclavizados, como el deseo de una homogeneidad demográfica blanca vista como prerrequisito para el progreso y el desarrollo modernos. Si bien el inmigracionismo brasileño se demoró hasta 1866 para constituir la Sociedad Internacional de Inmigración, los experimentos con colonos suecos y alemanes ya venían dándose desde la década de 1840 en el estado de São Paulo. A partir de 1860 los proponentes del inmigracionismo ya tendrían un marco "científico" para justificar sus preferencias en cuanto a la procedencia de sus futuros compatriotas. Sus puntos de referencia abarcaban tanto la escuela etnológica-biográfica del racismo científico, como la histórica y la social darwinista. En todos los casos demostraba la extrema susceptibilidad de la intelectualidad colonial ante la influencia metropolitana (Skidmore 49-52, Toller Gomes).

Los ejemplos más ilustrativos de esta influencia para nuestro contexto son las declaraciones del Conde de Gobineau, autor del *Ensayo sobre la desigualdad de las razas humanas*, y del etnógrafo suizo y profesor en la Universidad de Harvard, Louis Agassiz, en su libro de viajes *A Journey to Brazil* (1868). Gobineau, quien llegó al Brasil en 1869 en la capacidad de embajador de Francia, lamentó amargamente la supuesta falta de disciplina laboral del pueblo brasileño así como la fealdad de los mestizos y la eventual debilidad de la nación implicada en la mezcla malsana de sangres de estos últimos. En su opinión lo que faltaba para fortificar el país era una buena dosis de la sangre superior europea, más programas robustos de saneamiento y educación para elevar el nivel de cultura. Esto, aun así le llevara al Brasil unos doscientos años para superar el "lastre" que significaba su genealogía africana e indígena. Agassiz por su parte, siguiendo el precepto del determinismo geográfico, también lamentó el mal de la hibridez racial evidente en el país tropical y la degeneración que de ahí provenía (Skidmore 49).

No sorprende que luego Joaquim Nabuco, teórico enérgico y líder de la campaña nacional para poner fin a la esclavitud en la década de 1880, propugnase el insumo de sangre caucásica para resolver la deficiencia nacional, expresando vergüenza porque su país aún practicaba la esclavitud como modo de producción y lamentando el aislamiento para Brasil de la comunidad de naciones modernas que esto producía. Portavoz principal para un abolicionismo que en realidad fuese una reforma interna de la esclavocracia, el suyo era un ideario que veía en la urbanización y el desarrollo industrial el "orden y progreso" que eventualmente devino lema nacional con la declaración de la segunda independencia de Brasil. La lógica colonial tras ese pensamiento creyó anticipar que por estar acostumbrados al trabajo forzado, los ex-esclavos que habían sido la fuerza motriz de la economía colonial (e imperial) brasileña, no se ajustarían a la disciplina del régimen asalariado. Por una parte se supuso que les faltaba la estabilidad que brindaba la unidad familiar, por otra su presunta apatía e inmadurez los dejaban muy mal parados ante la hipotética productividad y competencia cultural de los inmigrantes europeos. Veremos que para Guimarães, cuando escribía a mediados de la década de 1870, la mulatez y el blanqueamiento de su heroína Isaura vendrán a ser elementos importantes de su propia contribución al discurso nacional. Asimismo la visión post-esclavitud de Alvaro, el protagonista de su obra, representará igualmente una toma de posición por el autor que es digna de notar en el contexto de las otras declaraciones elitistas del momento en torno a la cuestión del trabajo.

Isaura la esclava

En la caracterización de la heroína de *La esclava Isaura* y en el establecimiento de su trascendencia, vemos una intersección de varios esquemas especulativos del siglo de las luces que buscaban fijar las características de las razas humanas y establecer, a partir de ahí, una clasificación escalonada entre ellas. Dicha clasificación, desde su punto de vista eurocéntrico, abarcaba categorías tales como la inteligencia, los logros o el avance civilizacional, la belleza, y otros valores espirituales y materiales, y produjo en uno de sus momentos climáticos la famosa observación del filósofo Immanuel Kant de que la humanidad encuentra su estado de "mayor perfección", en la raza blanca[5] (Eze 63). En este marco le resulta útil a Guimarães la heredada noción medieval de la gran Cadena del Ser, una noción de jerarquía cósmica que identificaba el bien y la perfección en Dios, y así sucesivamente en los ángeles, los seres humanos, los animales y las cosas inanimadas. La novela también echa mano de las seudocientíficas propuestas de la fisionomía articuladas por el filósofo alemán Johann Lavater (1741-1801). Lavater practicaba un tipo de análisis intuitivo que suponía una correspondencia entre el rostro del individuo y las

---

[5]   Según lo cita Eze de la *Geografía física* de Kant, "Humanity is at its greatest perfection in the race of the whites." Ver también Warren Montag, "The Universalization of Whiteness: Racism and the Enlightenment."

características buenas o malas del alma. Su modelo ideal del ser humano derivaba de las formas de la escultura griega (Mosse 25). Traducidos a la retórica romántica y a un lenguaje hiperbólico e insistente en la novela, estos principios ayudan a destacar la belleza racial blanca de Isaura ante la comunidad local de la hacienda, y ante la nacional y la internacional, y a concretar su estatus de heroína.

Isaura, por ende, tiene "la tez como el marfil del teclado [del piano]", su cuello "gracioso", es "de la talla más pura", y la frente es "tranquila y lisa como mármol pulido", reflejando la luz del atardecer como "una misteriosa lámpara de alabastro" (5). Gracias a una educación fina, ella no sólo sabe coser y rezar, sino que también sabe música, danza y las lenguas de la cultura europea de prestigio, es decir, el francés y el italiano. Tras enfatizar su nobleza, su modestia, su bondad y su "alma pura" (96), el narrador la describe como ángel, hada y diosa (96), dejando claro que su valor espiritual y estético rebasa el límite humano y raya en lo mítico y lo divino. Así en el salón de baile donde es presentada y canta ante los ojos juiciosos de la élite pernambucana, su *performance* triunfante no admite igual: "[S] u cuello se distendió albo y esbelto como el de un cisne que se apresta a emitir sus divinos gorjeos. Era el soplo de la inspiración artística que rozándole la frente la transformaba en sacerdotisa de lo bello, en intérprete inspirada de las melodías del cielo. Allí se sentía ella reina sobre su trono ideal; era Calíope sentada sobre su trono sagrado..." (116). Todo este despliegue narrativo no sólo asienta las credenciales románticas de Isaura, también sirve de respaldo a la tesis del narrador de que es antitético e innatural que ella siga esclavizada. Como lo deja claro Leoncio, su amo y pretendiente, en uno de sus momentos de tentativa de seducción:

"Eres libre, porque Dios no podía formar un ser tan perfecto para sumirlo en la esclavitud" (85).

De los recientes estudios críticos del pensamiento racial ilustrado en valores que se dicen universales pero que se limitan a una comunidad blanca trasnacional, Warren Montag apunta la exclusión paradójica de los denigrados Otros y cómo ello repercute en la producción de la identidad racial en la modernidad.[6] Su observación de que un aspecto fundamental en la construcción de la blanquitud racial en el contexto moderno consiste en proyectarse a partir de la falta, es decir, de aquello que las otras razas "no tienen" (292), nos permite una apreciación más cabal de la caracterización de la mulata Rosa, la presunta "rival" de Isaura a la hora de recibir las atenciones del amo Leoncio, y de las otras esclavizadas africanas y afrocriollas, y hasta de la heroína misma. La "falta" que padecen las primeras queda evidente cuando, al describir a Isaura durante su exilio temporal en el salón de hilar se nos invita a contemplar otra vez sus "rasgos fisonómicos" para apreciar su superioridad relativa a sus camaradas. Por la "corrección y nobleza" de estos rasgos, dice el narrador, "nadie diría que era una esclava que trabajaba entre sus compañeras, sino que antes la tomaría por una señora joven, que, por libertad, hilaba entre las esclavas. Parecía la garza real, alzando el cuello garboso y altanero entre un montón de pájaros vulgares" (65). Rosa por su parte, siguiendo la lógica maniquea del colonialismo, va a representar la personificación de la negritud en su aspecto femenino, y esto no obstante su aclarada "tez de mulato". Así la vemos envidiosa, mentirosa, y odiosa hacia la heroína, y claro está, de fácil conquista sexual para

---

[6]   Ver Charles Mills, *The Racial Contract*.

el amo. No deja mucho para la imaginación la descripción del narrador al referirnos a su "fisionomía, burlona y despabilada", y "los túrgidos y jadeantes senos que como dos traviesos cabritillos le saltaban por debajo de la transparente camisa" (60).

La caracterización de Rosa en los términos estereotipados de "mulata hipersexual", que además atenta contra la santidad de la familia colonial blanca por desplazar a las esposas de la clase hacendada, participa, por un lado, en el síndrome racista de culpar a la víctima por su condición infeliz. Por otro lado, dada la correlación de fuerzas en la economía sexual de la colonia, no resulta difícil apreciar el papel en esta última de una retórica que distrae la atención de los lectores del verdadero centro del poder sexual, los hombres de la clase dominante. Esto es así, sobretodo considerando la trayectoria romántica de la narración y la presencia del motivo del cuento de hadas donde la doncella en peligro es rescatada por el príncipe azul y el malo recibe su merecido castigo. Es decir, que si la blanqueada Isaura, por pura y honrada merece nuestra simpatía, la sexualizada Rosa no la merece. La violencia de la economía libidinal en la colonia esclavista patriarcal, sin embargo, por atenuada que parezca, es inescapable. Aun obviando la "accesibilidad" de Rosa, esta violencia es palpable en la vulnerabilidad de Isaura ante sus verdugos (Leoncio y Henrique, el cuñado), cuando el texto los describe como animales de rapiña, o sea "tigres" o "gavilan[es]" (30, 79). Según Leoncio el amo, como le declara sin titubeos, ella le pertenece "en cuerpo y alma" (80). Así, poseído por "el más ciego y violento amor" (22), emprende la persecución constante, el abuso, y la eventual tortura contra ella. La cultura de asalto sexual dentro de la esclavitud ya había sido presentada de antemano con la referencia al hecho de que para el gobernador

Almeida, su padre, sus esclavas eran como "un harén a su disposición" (15).[7]

La venganza punitiva que desata Leoncio sobre Isaura al verse frustrados sus intentos de conquista apunta, además, hacia otro aspecto de esta dinámica de poder en una cultura de violación sexual.[8] Al recuperarla después de su fuga a Recife, y ante el espectro de un rival aún más potente económicamente, revela Leoncio que su intención hacia Isaura, más allá del castigo físico, es "profanarla y mancharla", es decir humillarla y quitarle su honra (203). Si para los hombres de la sociedad colonial la honra residía principalmente en el abolengo y la riqueza, las mujeres, sujetas a la premisa patriarcal, vivían gobernadas por una normatividad sexual que dictaba o el matrimonio o la abstinencia. En cuanto la protagonista lograra preservarse intacta ante las acometidas de sus varios pretendientes, evitaba el desastre de perder su honra. El abolengo en Europa funcionaba tradicionalmente con connotaciones de nobleza o hidalguía. En la altamente racializada sociedad colonial de América Latina, dividida en castas y con una taxonomía alucinante para las variaciones de pigmento, la honra solía tener un fuerte componente racial. Es decir que para los desposeídos de blancura, la adquisición de la misma mediante la elección de la pareja apropiada implicaba la consecución de elementos de "honra". Es dentro de la dinámica de castas, en otras palabras, que vemos el fenómeno del blanqueamiento con

---

[7]   Opinamos que la tensión libidinal, el acoso constante y el subsiguiente voyeurismo del público televidente constituyen elementos principales para el éxito inusitado de *La esclava Isaura* en su versión telenovelesca. Ésta ha tenido dos versiones, una de 1976 y la otra de 2004, llegando a un público global.

[8]   Ver al respecto, Susan Brownmiller, *Against Our Will: Men, Women, and Rape*.

mayor nitidez.[9] No tiene nada de inocente que la normalmente modesta y reticente Isaura dejase caer su pañuelo en el jardín en Recife para que lo recuperase Alvaro, su nuevo admirador blanco, libre, adinerado y soltero. Los pretendientes previos, desde Leoncio el amo, Henrique el cuñado, Belchior el jardinero, y André el criado, por una u otra razón, no reunían las necesarias calificaciones para un sujeto con aspiraciones de libertad, blancura y honra.

En el desenlace de la novela que presenta el triunfo de la pareja protagónica y de ahí el triunfo del blanqueamiento como ideología, vemos también cómo se construye la identidad racial en un proceso social práctico, sobre todo al considerar el continuo entre negritud, mulatez y blanquitud atravesado por la heroína. El contraste textual entre Rosa e Isaura mencionado antes no sólo sirve para separarlas moralmente. También sirve para indicar, Lavater mediante, los grados de pigmentación y blancura que las separan. Así nos informa una vieja criolla que Juliana, la mamá de Isaura era "del color de...Rosa, *pero más bonita y mejor formada*" (énfasis mío 62). Isaura podía identificarse socialmente, como efectivamente lo hace, con las otras esclavizadas africanas y afrodescendientes al caer en el trabajo rudo de la hilera cuando es desterrada de la casa grande, pero racialmente su opinión de sí no puede ser más diferente. La pregunta que se hace lamentando su mala suerte es reveladora. Quiere saber si no fuera preferible "haber nacido bruta y deforme, como la más miserable de las negras...", a ser dotada de los dones que la hacen tan atractiva (69). La ambivalencia y la inestabilidad raciales, y el determinismo de los poderosos en este respecto quedan

---

[9] Ver Jerome Branche, *Colonialism and Race in Luso-Hispanic Literature*, 83-84.

claros al considerar la mulatez y la blanquitud en el proceso de identificación de ella por otros. Si bien para Miguel y Leoncio su papel es el de la "mulatica" amante (26-27), (la mulata, según el vernáculo latinoamericano es "para gozar" y de ahí los regalos que le prometen para completar el estereotipo),[10] el noble y generoso Alvaro, hechizado por su blancura "de reina" (102), sólo se permitirá acceder a sus afectos a través del romántico matrimonio. (La blanca, recordamos según el mismo principio vernáculo, es "para casar".)[11] Las damas blancas de la aristocracia de Recife tienen otras ideas, sin embargo, que confirman el resbaloso proceso de identificación. Como guardianes de la identidad racial blanca, ellas hacen hincapié en su vestimenta y en el lunar negro que tiene Isaura en la mejilla. Para ellas son detalles que ponen en duda la identidad que Isaura pretende. Deciden por ende, que el caso merece más estudio y que "es preciso verla más de cerca, estudiarla más despacio para poder emitir con seguridad una opinión definitiva" (105).

El escrutinio minucioso que anuncian estas vecinas recuerda el argumento que ofrece Stuart Hall acerca de la identificación racial como una dialéctica de "lectura del cuerpo".[12] El lunar negro apunta sobretodo a la ambivalencia de los signos corporales y la eventual inestabilidad de la identidad racial. También nos permite apreciar en su complejidad esta representación de la protagonista de Guimarães. Para la mirada colonial de algunos el lunar no es

---

[10] Estos consisten, en las palabras de Miguel, en "sedas, joyas, carruajes, esclavos para que te sirvan..." (27).

[11] La negra en la misma lógica es" para trabajar". Ver Rosa Valdés-Cruz y Roger Bastide al respecto, por ejemplo.

[12] Ver "Race, the Floating Signifier."

obstáculo en su percepción de la heroína en términos europeos. Leoncio, por ejemplo, la ve como napolitana o gaditana (23), y para el doctor Geraldo, el amigo de su rival, el lunar es un detalle "encantador" (103). Al narrador, en cambio, el lunar, además de ser un complemento exótico de la belleza "blanca", también le serviría para el doble propósito de incluir, metafóricamente, una ancestralidad africana en el árbol genealógico nacional, aun si representase un elemento negativo, o sea, una mancha en el rostro de la nación, como nos hace creer la reacción de las damas del salón de baile. Vista así, la reducción de la presencia afro, a través de Isaura, a una tacha en el cuerpo de la nación, encierra el olvido de los millones de africanos y afrocriollos del pasado y del presente. Escribiendo a principios de 1870, Guimarães en *La esclava Isaura* no aboga por la inmigración europea al Brasil para resolver el "problema" demográfico que representan los africanos y afrodescendientes. Cambiar la norma somática nacional como lo pretende con Isaura, cumpliría esa función. Al parecer, las breves generaciones de mestizaje que han sido suficientes para producir a un sujeto como Isaura, que logra pasar por blanca sin mayores dificultades, parecen comprobar las hipótesis del darwinismo social y la superioridad genética blanca para Guimarães. Por cierto, ésta es la hipótesis que va a inspirar las declaraciones de los pensadores "nacionalistas" al cerrarse el período de esclavitud y al declararse la Segunda República en 1899.[13] Si de alguna forma en *La esclava Isaura* tenemos una declaración "nacionalista", al declarársele la "brasileña perfecta"

---

[13] La población brasileña, según el pronóstico de los estudiosos brasileños de la genética, debía blanquearse por completo para el siglo veintiuno (Skidmore 64-69).

(23), Guimarães también parece ofrecer una solución nacionalista al tema del trabajo y el destino de los ex-esclavos. Lo encontramos en el abolicionismo de Alvaro.

Alvaro el "abolicionista"

El que Alvaro insista en su amor por Isaura por encima de las objeciones de sus amigos y a pesar de que ésta no tenga ni dote ni abolengo, sugiere un antiaristocratismo latente en el protagonista. Él además había dejado de prepararse para la carrera de leyes porque desconfiaba de la manera en que se practicaba la jurisprudencia en el Brasil (108). El narrador enfatiza así, no sólo su incomodidad ante los privilegios de clase, sino también su sensibilidad ante lo que consideraba los prejuicios dentro de la disciplina del derecho, declarando a Alvaro, en fin, "liberal, republicano y casi socialista" (108). Esto prepara a los lectores para lo que luego podría llamarse una "traición" de su clase y raza por parte de Alvaro, dados su amor por Isaura y su declarado interés por la liberación de los esclavos. Semejante argumento de traición, sin embargo, sería difícil de sostener, lo mismo por las premisas jerarquizantes de raza y fisionomía insistentes a través de la narración y la dudosa libertad de sus ex-esclavos. Si en el taller de la hilera en Río Grande del Sur Isaura se destaca entre las esclavas, como vimos anteriormente, también en Recife, en el norte del país, el consenso entre Alvaro y sus amigos es que la heroína está fuera de lugar al encontrarse entre las africanas y afrocriollas: "¡En la casa de esclavos! [Es] una mujer que merecía sentarse en un trono", insisten (155). Asimismo, a pesar de su evocación del antecedente bíblico justificando el matrimonio de un amo, el patriarca Abraham, con su esclava Agar, y de su defensa del derecho natural de los esclavizados ante la cosificación y el dominio absoluto como se practicaba en el Brasil, Alvaro tampoco abandona sus prejuicios ante ellos.

Sucede que Alvaro, el "abolicionista exaltado" que soñaba con "brillantes utopías" (108), era heredero de una fortuna creada por el trabajo forzado, y a diferencia del caso de Isaura, la única evidencia que tenemos de su pasión libertadora es el hecho de que no sólo no dejó a sus ex-esclavos irse, sino que los retenía en un régimen que le garantizaba mano de obra barata y una indemnización por parte de ellos "por el sacrificio", dice el texto, "que había hecho con su emancipación" (108). El prisma paternalista por el que los veía es palpable a través de la opinión, expresada por el narrador, de que para ellos, "pasar de forma brusca del estado de absoluta sumisión al gozo de la plena libertad", sería "peligroso" (108). Es de notar que el texto no estipula si el peligro sería para los ex-esclavos mismos o para la sociedad blanca brasilera, pero el hecho de que estuvieran organizados en una colonia (trabajadora) bajo la dirección de un administrador deja claro las limitaciones del albedrío y del poder de decisión de estos "libertos", que aún retenía el dueño de estas tierras. Si bien para el mismo Alvaro, como para muchos otros intelectuales "abolicionistas" de la elite brasileña, la esclavitud era motivo de vergüenza nacional "ante los ojos del mundo civilizado" (166), es Isaura la que pareciera ser el motivo principal de este disgusto. Todas las protestas acerca de la dignidad humana, la inviolabilidad del alma, y el derecho de amar se dan en función de la realización del amor de Alvaro por Isaura. No se hacen para criticar la esclavitud como institución, ni a favor de un millón de mujeres y hombres esclavizados. A fin de cuentas, el rescate de Isaura, realizado en el enfrentamiento de

Alvaro con Leoncio mediante la compra de la hacienda de este último, no parece elevarse más allá de la primordial confrontación entre dos machos ante el premio femenino, no obstante el ropaje romántico y el teatro narrativo del texto que lo encubre.

Otros "abolicionistas"

Como vimos anteriormente, para Guimarães la cuestión de la brasileñidad y la identidad racial de ésta se relaciona estrechamente con la problemática principal que trata la novela, es decir, la de la extracción de la blanqueada heroína romántica del cautiverio. A partir de esta premisa de la sobrevaloración de la blancura racial, pareciera que la mayoría mestiza quedara condenada al proceso evolutivo de blanqueamiento cultural y racial. Mientras tanto, los afrodescendientes, antes esclavizados, seguirán en el papel de proveer mano de obra dentro de la economía nacional. La novela ejemplar de Joaquim Manuel de Macedo presenta otra versión o visión del abolicionismo. Si bien aquella dinámica de trabajo forzado en su cruda cotidianidad queda relegada al margen en ambas obras, para Macedo lo más apremiante de la esclavitud tendrá que ver con el contacto estrecho entre las razas que la institución permite y por eso escoge el espacio íntimo de la esclavitud doméstica como trasfondo para las tres narraciones didácticas que componen la obra. Lo que resulta es un mensaje de incompatibilidad racial basada en el miedo, la aversión racial y el crudo chovinismo cultural. Aquí tampoco el abolicionismo pretende, ni remotamente, redimir a las masas oprimidas, más bien se opone a esa posibilidad desde el principio.[14] Aunque se

---

[14] En la introducción a la obra Macedo exhorta a sus lectores a que se olviden tanto de Toussaint L'Ouverture, el líder de la revolución haitiana como de Bug Jargal el héroe de la novela de Victor Hugo del mismo nombre (5).

reconoce que los hombres y mujeres sometidos a la esclavitud son "víctimas", en un giro curioso de la lógica racial, los esclavizados parecen tener un poder corruptor moral tal que su mera presencia contamina la personalidad de sus blancos amos y sus familias. Estos últimos son los que resultan perjudicados por la esclavitud y de ahí el título pretendidamente paradójico de "víctimas verdugos". La representación que se hace de la esclavitud entonces, es invertida. Según este vuelco epistémico, es la clase esclavista dominante la que merece ser liberada e indemnizada de la plaga natural, la esclavitud, la cual provoca la también "natural" maldad de los esclavos. La prédica abolicionista no contempla, por tanto, el tema de la futura coexistencia racial.

En los tres largos relatos de *Las víctimas verdugos* que llevan por subtítulo "Cuadros de la esclavitud" ("Quadros da Escravidão"), los temas son principalmente la ingratitud y la naturaleza criminal y perversa de los esclavos y de ahí su relegación implícita al margen de la comunidad nacional del futuro que invoca el autor. Como se sugirió antes, las relatos se basan en la premisa naturalista por la cual un entorno intrínsecamente corrupto, el de la esclavitud, no puede sino producir resultados igualmente nefastos, puesto que lo protagonizan seres también destinados por naturaleza a la venalidad. El primero de éstos es Simeão, joven esclavo doméstico cuyo robo inicial de una cadena de oro de sus amos se agranda y termina en el asesinato cruento de éstos y de la familia entera a raíz de una conspiración motivada tanto por la libertad como por el lucro. Simeão, el "más ingrato y perverso de los hombres" ("mais ingrato e perverso dos homens" 67) había sido mimado desde niño y sus excesos de mocedad tolerados por amos que lo trataban como a su propio hijo, pues según el narrador: "Jamás en ninguna parte han habido señores más humanos y complacientes que en el Brasil" ("Nunca em parte alguma do mundo houve senhores mais humanos e complacentes do que no Brasil" 62). La historia que sigue, del Padre Raiol "el hechicero", utiliza los mismos elementos de conspiración esclava para llevarnos a la muerte de la familia propietaria. En el desarrollo narrativo la víctima principal resulta ser la señora de la casa, desplazada por la cómplice del Padre Raiol, la esclava Esmeria. Así la familia blanca sufre el doble golpe del veneno de Raiol, varias veces asociado a Satanás por su hechicería y su poder sobre las serpientes, y las maniobras femeninas de Esmeria, que seduce y "esclaviza" al dueño, tristemente martirizando a su mujer en el proceso. El motivo de la destrucción de la familia blanca por la presencia letal de esclavos perversos es repetido en el último cuento sobre "Lucinda la mucama". Aquí la honra de la familia se ve casi destruida a raíz de las intrigas siniestras y las manipulaciones de la mucama contra su joven señora, a la que entrega a los ardides de un falso caballero francés a quien ella también tenía de amante. Quizá el contraste más notorio entre estas mujeres jóvenes está en la comparación nada sutil que hace el narrador de Macedo entre la joven Cándida, cuya pérdida de la inocencia implicaba la correspondiente pérdida del "derecho al título honroso de señora" ("direito ao título honroso de *senhora*" 187), y su mucama, descrita como irrevocablemente fuera de la economía de la honra. Al respecto, declara esta última con el mayor aplomo que: "Yo soy negra, y esclava; en esto soy libre… no corro peligro" ("Eu sou negra, e escrava; nisto sou libre… não corro perigo" 176).

Si bien el abolicionismo de Guimãraes y de Macedo escamotea claramente el dilema ético de la violencia multilateral que sostiene la esclavitud como institución, los problemas que presenta la obra del canonizado "poeta de los esclavos", Antonio de Castro Alves, son de otra índole, ya que éste viene inspirado en un romanticismo distante, el cual, dado que tampoco alcanza a nutrirse de una pasión e identificación cercanas a los interesados, cae en un metaforismo de poco alcance social o político. El perfil de Castro Alves revela a un joven bahiano de familia esclavista y estudiante de derecho en Recife que se compromete, al parecer, más con el personaje de poeta romántico, que con los deberes que su misma retórica de rebelde le reclama. Reconocido como un *dandy* amante de la declamación y de la adulación de su público, Castro Alves, según un observador, raramente se movía fuera del entorno bohemio estudiantil a pesar del hecho de que encontraba en la libertad una causa noble y un motivo emocionante, como sus ídolos de la comunidad europea de románticos. Dicho impulso de libertad, sin embargo, no impidió que llevase a la capital pernambucana en calidad de paje de cámara, al aparentemente aún esclavizado hijo de su antigua nodriza (Haberly 1983, 57). Asimismo, su poema abolicionista más famoso, "El navío negrero" (1868), no sólo responde de modo anacrónico a una práctica abolida dieciocho años antes en el Brasil, sino que también cede originalidad a la pieza alemana del mismo título publicada hacía década y media por Heinrich Heine, "Das Sclavenschiff".[15] Sin embargo, donde el poeta alemán comunica sarcasmo y amargura ante la venalidad del capitán negrero y el sufrimiento del cargamento humano, lo que lamenta más bien la voz lírica de Castro Alves es la

---

[15] El poema de Heinrich Heine fue traducido al francés por Gérard de Nerval en 1854. Flávio Kothe sugiere que Castro Alves lo habrá leído en la entonces importante revista *Revue des Deux Mondes*, muy solicitada por los literatos latinoamericanos de la época (44).

asociación de la bandera nacional del Brasil con la abominable trata. Además, su mirada prolongada sobre los cuerpos desnudos de las cautivas y los cautivos pareciera más una distracción de carácter escopofílico, que un motivo de protesta sincera y vigorosa ante el crimen del cautiverio y la cosificación. Así, su llamado melodramático a Dios y al primero de los esclavistas, Cristóbal Colón, para que pongan fin a la institución que sostenía a su familia y muchos de sus contertulios, carece en gran medida de poder persuasivo.

Esta introducción a la novela de Guimarães nos permite ver que bajo el rótulo del abolicionismo literario en el Brasil existe una variedad de intereses, que no responden al principio fundamental de la emancipación de los que realmente sufrieron el látigo y el estigma de la esclavitud. El estudio atento deja claro que en varias instancias los textos en cuestión simplemente o no toman en cuenta a los esclavizados o son hostiles a la presencia demográfica y cultural de ellos. Para tal postura, el abolicionismo en cuanto gesta liberadora carece de interés. Es más, la rebeldía o el cimarronismo que produjera la legendaria comunidad fugitiva de Palmares en el mismo Brasil del siglo XVII, o la epopeya de la revolución esclava de Haití para crear el único estado libre de ex-esclavos en el nuevo mundo, no inspiran sino pavor y ansiedad entre la élite brasileña escritora (Marinho de Azevedo). Mientras el gran abolicionismo que le antecedió a principios de siglo produjo colaboraciones locales e internacionales y alianzas político-literarias transraciales como las de Olaudah Equiano con William Clarkson en Inglaterra, o de Juan Francisco Manzano con Richard Madden en Cuba, o bien entre Sojourner Truth, Frederick Douglass y el cuadro de abolicionistas blancos en los Estados Unidos, en el Brasil la tónica dominante no daba para coaliciones transraciales de índole política. Allí no cabía el verdadero diálogo entre "los de arriba" y "los de abajo". Tampoco se articula en estas obras la idea del *derecho natural* a la libertad de los cautivos africanos y afrocriollos, fundamental en el discurso abolicionista ilustrado desde hacía casi un siglo. El único autor del que tenemos noticias en esta comunidad escritora, con una posición abiertamente disidente ante la esclavitud fue el bahiano Luis Gama. Hijo de madre liberta y padre portugués (que lo vendió como esclavo a los diez años), al libertarse Gama logró convertirse en abogado y con su intervención ayudó a emancipar a más de quinientos individuos. A él se le atribuye la noción radical de que el esclavo que mata a su amo lo hace en defensa propia (Kennedy 262). Para los escritores de la elite brasileña, como hemos visto, la idea de una violencia recíproca en la dinámica de la esclavización, en cuanto ésta reconociera la subjetividad de los esclavizados, hubiera sido impensable. Asimismo, la hipocresía racial y la ideología del blanqueamiento fueron objetos de severa sátira tanto en la obra periodística de Gama como en sus versos, no obstante la eventual escasez de estos. Su notoria invectiva contra el epíteto racista de "la bodarrada" aplicada a la comunidad afrobrasileña en su poema del mismo título, es una burla rara de la sociedad de castas de la colonia brasileña y latinoamericana. Al afirmar allí que "nesta boa terra/ marram todos/ tudo berra", asentó, más de un siglo antes de que llegara a popularizarse, la idea de que todos los brasileños comparten una cierta africanía, ya sea ésta genealógica o cultural.[16]

---

[16] "Aquí en esta buena tierra/ todo asombra todo brama…" "A bodarrada" (en José Luis González y Mónica Mansour, 427-430).

Obras citadas y referencias útiles

Amistad. Dir. Stephen Spielberg, 1997.

Bastide, Roger. *El prójimo y el extraño, el encuentro de las civilizaciones.* Buenos Aires: Ediciones Amorrortu, 1970.

Borges, Dian. "Intellectuals and the Forgetting of Slavery in Brazil". *Annals of Scholarship* 11/1&2 (1996): 37-55.

Branche, Jerome. *Colonialism and Race in Luso-Hispanic Literature.* Missouri: University of Missouri Press, 2006.

Brownmiller, Susan. *Against our Will: Men, Women, and Rape.* New York: Simon and Schuster, 1975.

Castro Alves, Antonio de. *Antonio de Castro Alves: The Major Abolitionist Poems.* Amy A. Peterson, trad. New York: Garland Publications, 1990.

Esclava Isaura, La. Dir. Herval Rossano, 2004.

Eze, Chukwudi, ed. *Race and the Enlightenment: A Reader.* Cambridge: Blackwell Publishers, 1997.

González, José Luis, y Mónica Mansour. *Poesía negra de América.* México D.F: Ediciones Era, 1979.

Haberly, David. "Abolitionism in Brazil: Antislavery and Anti-Slave". *Luso-Brazilian Review* 9 (1972): 30-47.

_____ *Three Sad Races: Racial Identity and National Consciousness in Brazilian Literature.* Cambridge: Cambridge University Press, 1983.

Hesse, Barnor. "Forgotten Like a Bad Dream: Atlantic Slavery and the Ethics of Postcolonial Memory". *Relocating Postcolonialism*. David Theo Goldberg y Ato Quayson, eds. Oxford: Blackwell Publishers, 2002. 143-173.

Isfahani-Hammond, Alexandra. *Race, Writing, and Brazilian Cultural Identity*. New York: Palgrave Macmillan, 2008.

Kothe, Flávio. "Heine, Nerval, Castro Alves: "O negreiro". *Iberoamericana* 1/49 (1993): 42-62.

Macedo, Joaquim Manuel de. *As vítimas-algozes: Quadros da escravidão*. Rio de Janeiro: Editora Scipione, 1991.

Marinho de Azevedo, Celia Maria. *Onde negra medo branco: O negro no imaginário das elites século XIX*. São Paulo: Paz e terra, 1987.

Mills, Charles. *The Racial Contract*. Ithaca: Cornell University Press, 1999.

Montag, Warren. "The Universalization of Whiteness: Racism and Enlightenment". *Whiteness: A Critical Reader*. Mike Hill, ed. New York: New York University Press, 1997. 281-293.

Morrison, Toni. "Unspeakable things Unspoken: The Afro-American Presence in African American Literature". *Michigan Quarterly Review* 28 (1989): 1-34.

Mosse, George. L. *Toward the Final Solution*. New York: Howard Fertig, 1985.

Navarro, Consuelo. "Palmares Memorialized: African Diaspora and Cinematic Discourse in Carlos Diegues' *Quilombo*". *Cahiers Charles* 5/31 (2002): 160-182.

Proença Filho, Dominico. "A participacão da literatura no proceso abolicionista". *Tempo brasileiro* 92 & 93 (1988): 9-32.

Quilombo. Dir. Carlos Diegues, 1984.

Rushdy, Ashraf. "The Politics of the Neo-Slave Narratives". *Revisiting Slave Narratives: Les avatar contemporains des récits d'esclaves*. Montpellier: Université Montpellier III, 91-102.

Skidmore, Thomas. *Black into White: Race and Nationality in Brazilian Thought*. Durham: Duke University Press, 1993.

Toller Gomes, Heloisa. *O negro e o romatismo brasileiro*. São Paulo: Atual Editora, 1988.

Ultima cena, La. Dir. Tomás Gutiérrez Alea, 1976.

Valdés-Cruz, Rosa E. La *poesía negroide en América*. Nueva York: Las Américas Publishing Company, 1970.

Capítulo I

Eran los primeros años del reinado de don Pedro II.

En el fértil y opulento municipio de Campos de Goitacases, en las orillas del Paraíba, a poca distancia de la villa de Campos, había una linda y magnífica hacienda.

Era un edificio de armoniosas proporciones, vasto y lujoso, situado en una apacible campiña en las faldas de elevadas colinas cubiertas de bosques en parte devastados por el hacha del labrador. En las lejanías que la rodeaban, la naturaleza se mostraba aún en toda su primitiva y selvática rudeza; pero cerca, en torno a la deliciosa vivienda, la mano del hombre había convertido la áspera selva que cubría el suelo, en jardines y vergeles placenteros, en fértiles pastizales, sombreados aquí y allá por árboles gigantescos, perobas, cedros y copaibas, que reflejaban el vigor de la antigua floresta. Ahí casi no se divisaba el muro, la cerca ni la valla; jardín, huerta, pomar, pastos y siembras vecinos eran divididos por densos y verdosos setos de bambúes, piteras, espinos y *gravatás*,[1] que daban al conjunto el aspecto del más apacible y agradable vergel.

La casa estaba situada frente a las colinas. Se entraba en ella por un lindo pórtico todo cubierto de enredaderas, al cual se subía por una escalera de cantería de seis o siete peldaños. El fondo estaba ocupado por otros edificios aledaños, moradas de esclavos, patios, corrales y graneros, por detrás de los cuales se extendía el jardín, el huerto y un inmenso pomar que se perdía en las márgenes del gran río.

Era una linda y tranquila tarde de octubre. El sol aún no se había ocultado y parecía navegar en el horizonte suspenso sobre espirales de espuma de colores cambiantes orlados con hilos de oro. La brisa, saturada de balsámicos efluvios, sacudía su pereza a lo largo de las orillas, provocando sólo ligeros rumores en las copas de los árboles y haciendo susurrar levemente la cabellera de los cocoteros, que se miraban garbosos en las lúcidas y tranquilas aguas de la ribera.

Hacía buen tiempo; la vegetación, reanimada por moderadas lluvias, se mostraba fresca, tupida y frondosa; el agua del río, aún no enturbiada por las grandes crecidas, rodando con majestuosa lentitud, reflejaba en toda pureza los espléndidos colores del horizonte y el nítido verdor de las selváticas márgenes del río. Las aves, descansando del continuo volar de los pomares, prados y malezas vecinos, comenzaban a preludiar sus cantos vespertinos.

---

[1] Variedad de ananás. *(N. de la T.)*

La luz del sol poniente abrasaba de tal suerte los ventanales del edificio, que parecía devorado por las llamas de un incendio interior. Mientras, tanto en el interior como en los alrededores, reinaba un profundo silencio, una perfecta tranquilidad. Bueyes robustos y rollizas novillas acostadas sobre la hierba, rumiaban tranquilamente a la sombra de altos troncos. Las aves domésticas chillaban alrededor de la casa, balaban las ovejas y mugían algunas vacas que iban por sí solas en busca de los corrales; mas no se oía ni se divisaba voz ni figura humana. Parecía que allí no habitaba nadie. Sólo los ventanales abiertos de un gran salón del frente y las hojas de la puerta de entrada, abiertas de par en par, denunciaban que no todos los habitantes de aquella suntuosa propiedad se encontraban ausentes.

Gracias a ese casi silencio armonioso de la naturaleza se escuchaba claramente el sonido de un piano, unido a una voz de mujer, voz melodiosa, suave y apasionada, y del timbre más puro y suave que pueda imaginarse.

Como se emitía un poco ahogado, el canto tenía una vibración sonora, amplia y voluminosa, que revelaba una excelente y vigorosa organización vocal. El tono velado y melancólico de la cantiga parecía el gemido sofocado de un alma solitaria y sufridora.

Era esa la única voz que quebraba el silencio de la vasta y tranquila vivienda. Por fuera, todo parecía escucharla en místico y profundo recogimiento. Las coplas que cantaba decían así:

Desde la cuna respirando
los aires de la esclavitud,
como semilla lanzada

en tierra de maldición,
la vida paso llorando
mi triste condición.

Mis brazos están presos,
a nadie puedo abrazar,
ni mis labios, ni mis ojos
pueden de amor hablar;
Dios me ha dado un corazón
solamente para penar.

Al aire libre de las campiñas
su perfume exhala la flor;
canta el viento en libertad,
del bosque el alado cantor;
sólo para la pobre cautiva
no hay canciones, ni hay amor.

Cállate, pobre cautiva;
tus quejumbres crímenes son;
es una afrenta este canto,
que transmite tu aflicción.
La vida no te pertenece,
no es tuyo tu corazón.

Las notas sentidas y melodiosas de aquel cantar que escapa por las ventanas abiertas y resuena a lo lejos, en derredor, dan ganas de conocer a la sirena que tan lindamente la entona. Si no es una sirena, solamente un ángel puede cantar así.

Subamos los peldaños que conducen al pórtico, todo adornado con exuberantes guirnaldas y lindas flores, que sirve de vestíbulo al edificio. Entremos sin ceremonia. A la derecha del pasillo encontramos abierta una ancha puerta, que da entrada a la sala de recepción, grande y lujosamente amueblada. Allí se encuentra sola, sentada al piano, una bella y noble figura de muchacha. Las líneas del perfil se dibujan nítidamente entre el ébano del piano y las espesas madejas más negras aún que él. Son tan puras y suaves esas líneas que fascinan los ojos, elevan la mente e impiden todo análisis. La tez es como el marfil del teclado, blanca sin deslumbrar, teñida por un matiz delicado, que no podría decirse si es leve palidez o color de rosa desmayado. El gracioso cuello de la talla más pura, sustenta con garbo inefable el busto maravilloso. Los cabellos sueltos y fuertemente ondulados se despeñan caracoleando por los hombros en espesos y brillantes rizos, y como franjas negras esconden casi completamente el respaldar de la silla a la que se halla recostada. Sobre la frente tranquila y lisa como mármol pulido, la luz del ocaso se refleja con tonos rosáceos y suaves, como si fuera una misteriosa lámpara de alabastro que guarda en su seno diáfano el fuego celeste de la inspiración. Tenía el rostro vuelto hacia la ventana y la mirada vaga flotaba por el espacio.

Los atributos de la gentil cantora se veían también realzados por la sencillez, y diremos casi pobreza, del modesto vestuario. Un vestido de tela ordinaria azul claro le dibujaba perfectamente, con encantadora sencillez, el porte esbelto y la cintura delicada, y cayendo en rueda en amplias ondulaciones parecía una nube, de cuyo seno surgía la cantora como Venus naciendo de la espuma del mar o como un ángel surgiendo entre brumas vaporosas. Una pequeña cruz de azabache presa de su cuello con una cinta negra, constituía su único ornamento.

Apenas terminado el canto, la muchacha permaneció un momento meditando, con los dedos sobre el teclado, como si escuchara los últimos ecos de su canción.

En tanto, habíase entreabierto sutilmente la cortina de muselina de una de las puertas interiores y un nuevo personaje penetraba en el salón. Era también una hermosa dama aún con la lozanía de la juventud, bonita, bien formada y elegante. La riqueza y el primoroso esmero del vestuario, el porte altivo y señorial, cierto balanceo afectado y lánguido de los movimientos dábanle ese aire presumido que acompaña a toda joven bonita y rica, incluso cuando está sola. Mas, con todo ese lujo y donaire de gran señora, su radiante belleza se veía por momentos eclipsada en presencia de las formas puras y correctas, de noble sencillez, y de los tan naturales y modestos ademanes de la cantora. Todavía Malvina era linda, encantadora, y a pesar de la vanidad de su hermosura y alta posición, toda la congénita bondad de su corazón se reflejaba en sus grandes y cariñosos ojos azules.

Malvina se aproximó en silencio y sin ser sentida por la cantora, y, colocándose detrás de ella, esperó a que terminara la última copla.

–¡Isaura!...– dijo ella posando con cuidado su delicada mano sobre el hombro de la muchacha.

–¡Ah! ¿Es usted, señora?– respondió Isaura volviéndose sobresaltada. No sabía que estaba ahí, escuchándome.

–¿Y eso qué importa?..., sigue cantando..., ¡tienes una voz tan bonita!... Pero quisiera que cantaras otra cosa... ¿Por qué te gusta tanto esa canción tan triste, que aprendiste no sé dónde?...

–Me gusta, porque la encuentro bonita y porque... ¡ah!, no debo hablar...

–Habla, Isaura. ¿No te he dicho ya que no debes ocultarme nada ni temer nada de mí?...

–Porque me hace recordar a mi madre, a quien yo no conocí, ¡pobrecita!... Pero si a la señora no le gusta esa canción, no la cantaré más.

–No, no me gusta que la cantes, Isaura. Van a pensar que te maltratamos, que eres una esclava infeliz, víctima de señores bárbaros y crueles. Sin embargo, llevas aquí una vida que envidiaría mucha gente libre. Gozas de la estimación de tus amos. Te dieron una educación como no tuvieron muchas ricas e ilustres damas que yo conozco. Eres hermosa, y tienes un color tan lindo, que nadie diría que por tus venas corre una sola gota de sangre africana. Bien sabes cuánto, antes de morir, mi buena suegra te recomendaba a mí y a mi marido. Siempre respetaré las recomendaciones de aquella santa mujer y, como ves, soy más tu amiga que tu señora. ¡Oh, no!, no cabe en tu boca esa cantiga lastimera que tanto te gusta cantar. No quiero –continuó en tono de blanda represión–, no quiero que la cantes más, ¿me oíste, Isaura?... Si no, te cierro mi piano.

–Pero, señora, a pesar de todo eso, ¿qué soy yo sino una simple esclava? Esa educación que me dieron y esa belleza que tanto me alaban, ¿de qué me sirven?.... Son objetos de lujo colocados en la choza del africano. Y no por eso deja de ser lo que es: una morada de esclavos.

—¿Te quejas de tu suerte, Isaura?…

—Yo no, señora, no tengo motivo… lo que quiero decir con esto es que, a pesar de todos esos dones y ventajas que me atribuyen, sé reconocer mi lugar.

—Vaya, ya sé lo que te aflige; tu canción bien lo dice. Bonita como eres, no puedes dejar de tener algún enamorado.

—¡Yo, señora!… No, no diga eso.

—Tú misma, ¿y eso qué importa?…; no te ofendas, ¿es alguna cosa del otro mundo? Vamos, confiesa, tienes un amante y por eso lamentas no haber nacido libre para poder amar al que te agradó y al que caíste en gracia, ¿no es así?…

—Perdóneme, señora Malvina —replicó la esclava con una cándida sonrisa—. Usted se equivoca, ¡estoy tan lejos de pensar en eso!

—¡Cómo lejos…! ¡No me engañas, mi muchachita!… Tú amas, y eres muy linda y bien dotada para sentirte inclinada hacia un esclavo. Al menos si fuera como tú…, pero dudo que exista un esclavo así en el mundo. Una muchacha como tú, bien puede conquistar el amor de algún guapo mozo, y esa es la causa del lamento de tu canción. Pero no te aflijas, Isaura mía; yo te prometo que mañana mismo obtendrás tu libertad. Deja que Leoncio llegue; es una vergüenza que una muchacha como tú se vea aún sometida a la condición de esclava.

—No diga eso señora… Yo no pienso en amores y mucho menos en libertad. A veces me pongo triste por gusto, sin motivo ninguno…

—No importa. Soy yo quien quiero que seas libre, y vas a serlo.

En este punto, la conversación fue cortada por un tropel de caballeros que llegaban y se apeaban a la entrada de la hacienda.

Malvina e Isaura corrieron a la ventana a ver quiénes eran.

Capítulo II

Los caballeros que acababan de apearse eran dos bellos y elegantes mancebos que llegaban de la villa de Campos. Por el modo familiar con que entraron se comprendía enseguida que eran gente de la casa.

Uno de ellos era Leoncio, marido de Malvina; el otro, Henrique, hermano de ésta.

Antes de seguir adelante, forzoso es trabar conocimiento más íntimo con los dos jóvenes caballeros.

Leoncio era hijo único del rico e influyente gobernador Almeida, propietario de la bella y suntuosa hacienda en que nos encontramos. El gobernador, ya bastante viejo y lleno de enfermedades, después del matrimonio de su hijo, que había tenido lugar un año antes de la época en que comienza esta historia, había dejado en sus manos la administración y usufructo de la hacienda y vivía en la corte donde buscaba alivio y distracción a los achaques que lo atormentaban.

Desde la infancia, Leoncio había encontrado en la abundancia y bienestar de sus padres, amplios medios de corromper el corazón y extraviar la inteligencia. Mal alumno y chiquillo incorregible, turbulento e insubordinado, anduvo de colegio en colegio, y pasó como gato por brasas por encima de todos los cursos, cuyos exámenes siempre aprobaba gracias a la protección del patronato. Los maestros no se atrevían a dar al ilustre y munífico gobernador el disgusto de ver desaprobado a su hijo. Matriculado en la escuela de Medicina, ya desde el primer año se aburrió de esa disciplina, y, como sus padres no sabían contrariarlo, se fue para Olinda a fin de frecuentar el curso jurídico. Allí, después de haber derrochado una no pequeña porción de la fortuna paterna en la satisfacción de todos sus vicios y locas fantasías, se hastió también de los estudios jurídicos, y llegó al convencimiento de que sólo en Europa podría desarrollar dignamente su inteligencia, y saciar su sed de saber en puros y abundantes manantiales. Así le escribió al padre, quien le creyó y lo envió a París, con la esperanza de verlo regresar convertido en un nuevo Humboldt. Instalado en aquel vasto pandemonio del lujo y de los placeres, Leoncio, raras veces, y sólo por diversión, iba a escuchar las elocuentes lecciones de los eximios profesores de la época, y tampoco era visto en los museos, institutos y bibliotecas. En compensación, era asiduo visitante del Jardín Mabile, así como de todos los cafés y teatros más en boga, y se había convertido en uno de los más famosos y elegantes leones de los bulevares. Al cabo de algunos años, ya fuera residiendo en París o realizando viajes recreativos por las aguas y por las principales capitales de Europa, había vaciado tan copiosa y despiadadamente la bolsa paterna, que el gobernador, a despecho de toda su condescendencia y ternura hacia su único y querido hijo, se vio en la necesidad de hacerlo regresar a la sombra de los patrios lares a fin de evitar una completa ruina. Sin embargo, para no herirlo sujetándole de forma súbita y ruda las riendas, decidió atraerlo suavemente con la perspectiva de un rico y ventajosísimo casamiento.

Leoncio cayó en la trampa y regresó a la patria hecho un perfecto dandy, gentil y elegante como ninguno, trayendo de sus viajes, en lugar de conocimiento y experiencia, una dosis enorme de fatuidad y petulancia, y una desenvoltura tan perfecta en el mundo de la alta sociedad que lo hubiérais tomado por un príncipe. Mas lo peor era que traía el cerebro vacío, volvía con el alma corrompida y el corazón deformado por hábitos depravados y libertinos. Algunos buenos y generosos instintos con que lo había dotado la naturaleza se habían apagado en su corazón con el roce de las pésimas doctrinas confirmadas por ejemplos aún peores.

A su regreso de Europa, Leoncio contaba veinticinco años. El padre le advirtió, con palabras insinuantes y hábiles, que ya era tiempo de emplearse en algo, de estudiar alguna carrera; que ya se había tomado de la bolsa paterna más de lo que era preciso para su educación, y que era menester ir aprendiendo, si no a aumentar, al menos a conservar una fortuna a la cabeza de la cual se encontraría más tarde o más temprano. Después de muchos titubeos, Leoncio optó al fin por la carrera de comercio, que le pareció ser la más independiente y segura de todas; pero sus ideas relajadas y audaces en ese sentido aterraron al sagaz gobernador. El comercio de importación y exportación de mercancías, incluso en gran escala, el propio tráfico negrero, le parecían especulaciones degradantes e impropias de su alta posición y esmerada educación. El negocio de venta en mostrador y al menudeo le inspiraba asco y compasión. Sólo le convenían las altas especulaciones de canje, las operaciones bancarias y las transacciones en que intervinieran abultados capitales. Sólo así podría duplicar, triplicar en poco tiempo la fortuna paterna. Con lo que había observado en la Bolsa de París y en otras plazas europeas, se presumía con preparación suficiente para dirigir las operaciones del más prominente establecimiento bancario o las más grandiosas empresas industriales.

No obstante, el padre no se animó a confiar su fortuna a los azares especulativos de aquel financista en embrión, que hasta ese momento sólo había dado pruebas de gran talento para consumir, en poco tiempo y con pura pérdida, sumas considerables. Por tanto, resolvió no tocarle más aquel asunto, en espera de que el joven criase un poco más de juicio.

Viendo que su padre se olvidaba completamente de los planes de crearle un peculio propio, Leoncio vio el casamiento como el medio más suave y natural de adquirir fortuna, como la única carrera que se le ofrecía para tener dinero que malgastar a su antojo.

Malvina, la hermosa hija de un riquísimo negociante de la corte, amigo del gobernador, ya estaba destinada a Leoncio por común acuerdo y aquiescencia de los padres de ambos. La familia del gobernador fue a la corte; los jóvenes se vieron, se enamoraron y se casaron; fue cosa de breves días. Poco tiempo después de su casamiento, Leoncio pasó por el disgusto de perder a su madre en un golpe inesperado. Esta buena y respetable señora no había sido muy feliz en las relaciones íntimas con su marido, que, como hombre de corazón árido y frío, desconocía las santas y puras delicias del amor conyugal, y con sus actos libertinos y desenfrenados laceraba cotidianamente el corazón de su esposa. Para colmo de males ella había perdido en la infancia a todos sus hijos, de los cuales sólo le quedaba Leoncio. Se lamentaba principalmente de que el cielo no le hubiese dejado al menos una hija, que le sirviera de compañía y de consuelo en su desolada vejez. Pero la suerte quiso depararle en su propia casa una compensación a sus infortunios en una frágil criatura que, de algún modo, vino a llenar el vacío que sentía en su bondadoso y tierno corazón, y le hizo menos triste y solitario el hogar donde pasaba días tan monótonos y enfadosos.

Había nacido en la casa una esclavita que, desde la cuna, atraía por su gracia, encanto y vivacidad toda la atención y cuidado de la generosa señora.

Isaura era hija de una linda mulata que había sido durante mucho tiempo la mucama favorita y la criada fiel de la esposa del gobernador. Éste, que como hombre libidinoso y sin escrúpulos miraba a las esclavas como un harén a su disposición, puso sus ojos codiciosos y ardientes de lascivia sobre la gentil mucama. Por mucho tiempo resistió ella a sus brutales solicitudes; mas al fin tuvo que ceder ante las amenazas y las violencias. Tan torpe y bárbaro procedimiento no pudo permanecer oculto por mucho tiempo a los ojos de su virtuosa esposa, que con ellos sufrió un mortal disgusto.

Agobiado por ella con los más violentos y amargos reproches, el gobernador no se atrevió a emplear más la violencia contra la pobre esclava y tampoco consiguió nunca por ningún otro modo eliminar la invencible repugnancia que le inspiraba. Se enfureció con tanta resistencia y decidió en su corazón perverso vengarse de la manera más bárbara y abyecta, acosándola con trabajos y castigos. La sacó de la sala, donde sólo realizaba pequeños y delicados servicios, y la envió a la casa de los esclavos y a las duras faenas del campo, recomendándole bien al *feitor*[2] que no le escatimara ni trabajos ni castigos. Sin embargo, este hombre, que era un buen portugués que conservaba aún el vigor de los años y que no tenía las entrañas tan empedernidas como su patrón, seducido por los encantos de la mulata, en vez de trabajos y zurras, sólo le daba caricias y regalos, de manera que al cabo de un tiempo la mulata trajo al mundo a la gentil esclavita de que hablamos. Este hecho exacerbó todavía más la saña del gobernador contra la mísera esclava. Despidió con improperios y amenazas al buen y fiel administrador, y sometió a la mulata a tan rudos trabajos y tan cruel tratamiento, que en breve la envió a la tumba, antes de que pudiese acabar de criar a su tierna y graciosa hijita.

Éstos son los infelices auspicios bajo los cuales nació la linda e infeliz Isaura. Pero, como para indemnizarla de tan enorme desventura, una santa mujer, un ángel de bondad, se inclinó sobre la cuna de la pobre niña y le ofreció amparo a la sombra de sus alas generosas. La mujer del gobernador consideró a aquella tierna y hermosa criatura como un regalo que el cielo le enviaba para consolarla de las antiguas angustias y sinsabores que sufría a consecuencia de los torpes desmanes de su depravado marido. Levantó al cielo los ojos bañados en lágrimas y juró por el alma de

---

[2]   Administrador, en pequeña escala, de bienes ajenos. En el período de la esclavitud era muy temido por los esclavos, pues tenía la misión de mantener el orden en las casas de los esclavizados (*senzalas*) y de mostrar al señor la producción del campo.

la infeliz mulata encargarse del futuro de Isaura, criarla y educarla como si fuese una hija.

Y así lo cumplió con la más religiosa dedicación. A medida que la niña fue creciendo y entrando en edad de aprender, ella misma fue enseñándole a leer y escribir, a coser y a rezar. Más tarde procurole también maestros de música, de danza, de italiano, de francés, de dibujo, le compró libros y se empeñó, finalmente, en darle la más esmerada y fina educación, como lo hubiese hecho con una hija querida. Isaura, por su parte, no sólo por el desarrollo de sus atributos y atractivos corporales, sino también por los rápidos progresos de su viva y aguda inteligencia, superó con creces las exageradas esperanzas de la excelente anciana, la cual, en vista de tan felices y brillantes resultados, cada vez se complacía más en perfeccionar y pulir aquella joya que ella decía era una perla entrelazada en sus cabellos blancos. "El cielo no quiso darme una hija de mis entrañas –solía decir–, pero en compensación me dio una hija de mi alma."

Lo más admirable en la interesante niña es que aquella predilección y extremosa solicitud de que era objeto no la tornaba impertinente, vanidosa o arrogante, ni siquiera con sus compañeros de cautiverio. El mimo con que era tratada en nada modificaba la natural bondad y candor de su corazón. Era siempre alegre y buena con los esclavos, dócil y sumisa con los señores.

Al gobernador no le gustaba nada el singular capricho de su esposa para con la mulatica, capricho que él calificaba de decrepitud.

–¡Qué gran locura!– acostumbraba exclamar con acento de conmiseración. Ahí está, esmerándose en criar una redomada coqueta que con el tiempo le dará dolores de cabeza. Las viejas, unas sirven para rezar; otras, para pelear desde por la mañana hasta por la noche; otras, para pasear perritos o para criar pollitos; a ésta le ha dado por criar mulaticas princesas. Es una excentricidad un poco más cara, es cierto; pero… que le aproveche. Al menos, mientras se entretiene por ahí con su embeleso, me evita una buena docena de impertinentes y malhumorados sermones… ¡Con su pan se lo coma!…

Pocos días después del casamiento de Leoncio, el gobernador, con toda su familia, incluidos los recién casados, se trasladó nuevamente a la hacienda de Campos. Fue entonces cuando el gobernador entregó a su hijo toda la administración y usufructo de aquella propiedad, con todos los esclavos y accesorios en ella existentes, diciéndole que, por encontrarse ya bastante viejo, enfermo y cansado, quería pasar tranquilamente el resto de sus días sin trabajos ni preocupaciones, para lo cual bastábanle suficientemente las rentas que para sí guardaba. Habiendo dado en vida esta magnífica dote a su hijo, se retiró a la corte. Su esposa, no obstante, prefirió quedarse en compañía del hijo, lo cual fue muy del gusto y aceptación del marido.

Malvina, que a pesar de su vanidad aristocrática tenía un alma cándida y buena, y un corazón bien formado, no pudo dejar de sentir desde el inicio el más vivo interés y el más tierno afecto por la cautiva Isaura. Y era ésta, en efecto, de índole tan bondadosa y suave, tan dócil, modesta y sumisa, no obstante su gran belleza e indudables dotes espirituales, que conquistaba enseguida, desde el primer encuentro, la benevolencia de todos.

Isaura se convirtió inmediatamente, no diré que en la mucama favorita, sino en la fiel compañera, en la amiga de Malvina, que, habituada a los placeres y pasatiempos de la corte, se alegró mucho de encontrar tan buena y amable compañía en la soledad en que iba a vivir.

–¿Por qué no le dan la libertad a esta muchacha?– preguntó ella un día a su suegra. Una criatura tan buena e interesante no nació para ser esclava.

–Tienes razón, hija mía– respondió bondadosamente la anciana– pero ¿qué quieres que haga?... No tengo los ánimos para soltar ese pajarito que el cielo me dio para consolarme y hacer más soportables las pesadas y largas horas de la vejez. Y además, ¿liberarla para qué? Ella aquí es libre, más libre que yo misma, pobre de mí, que ya no tengo alegrías en la vida ni fuerzas para gozar de la libertad. ¿Quieres que suelte a mi avecilla? ¿Y si se pierde por ahí y nunca más encuentra la puerta de la jaula?... No, no, hija mía, mientras yo viva quiero tenerla siempre muy cerca de mí, quiero que sea mía, y sólo mía. Tú debes de estar pensando: "¡Qué gran egoísmo de vieja!", pero ya no me queda mucho por vivir, el sacrificio no será grande. A mi muerte, ella quedará libre y yo tendré el cuidado de dejarle un buen legado.

De hecho, la buena anciana intentó varias veces escribir su testamento a fin de asegurar el futuro de su esclavita, de su querida pupila: mas el gobernador, auxiliado por su hijo con demoras y fútiles pretextos, conseguía ir siempre aplazando la satisfacción del loable y santo deseo de su esposa, hasta el día en que, fulminada por un ataque de parálisis general, ella sucumbió en pocas horas sin haber tenido un solo momento de lucidez y reanimación para expresar su última voluntad.

Malvina juró sobre el cadáver de su suegra continuar dando a la infeliz esclava la misma protección y cuidado que la difunta le había prodigado. Isaura lloró durante mucho tiempo la muerte de la anciana que había sido para ella una madre solícita y cariñosa, y continuó siendo esclava, no ya de una buena y virtuosa señora, sino de señores caprichosos, corrompidos y crueles.

Capítulo III

Aún nos falta conocer más de cerca a Henrique, el cuñado de Leoncio. Era un elegante y bien parecido muchacho de veinte años, frívolo, alocado y vanidoso, como son casi todos los jóvenes, principalmente cuando tienen la ventura de haber nacido de un padre rico. Pero a pesar de esos ligeros defectos tenía buen corazón y bastante dignidad y nobleza de alma. Era estudiante de Medicina y, como estaba de vacaciones, Leoncio lo había invitado a visitar a la hermana y pasar algunos días en su hacienda.

Los dos jóvenes llegaban de Campos, adonde Leoncio había ido desde la víspera a recibir al cuñado.

Sólo después de casado, Leoncio, que antes de eso había permanecido en la casa paterna por pocos y breves períodos, comenzó a prestar atención a la extraña belleza y a las gracias incomparables de Isaura. Y aunque le había tocado en suerte encontrar una linda y excelente mujer, él no se había casado por amor, sentimiento que hasta entonces parecía totalmente ajeno a su corazón. Se había casado por especulación, y como su mujer era joven y bonita, solamente sentía por ella una pasión que se ceba en el goce de los placeres sensuales, y con ellos se extingue. Estaba reservado a la infeliz Isaura hacer vibrar profunda y violentamente, en aquel corazón libertino, las fibras que los golpes de la corrupción aún no habían destruido del todo. Concibió por ella el más ciego y violento amor, que cada día iba creciendo en razón directa con los serios y poderosos obstáculos que encontraba, obstáculos a los que no estaba habituado y que en vano se esforzaba por eliminar. Mas no por eso desistía de su alocada empresa, porque a fin de cuentas –pensaba él–, Isaura era propiedad suya, y cuando ningún otro medio fuese eficaz, restábale el empleo de la violencia. Leoncio era un digno heredero de todos los malos instintos y de la brutal corrupción del gobernador.

Por el camino, como su mente estaba siempre ocupada con la imagen de Isaura, Leoncio había conversado largamente con su cuñado respecto de ella, exaltando su belleza y dejando traslucir con nauseabundo cinismo las lascivas intenciones que abrigaba en su corazón. Esta conversación no agradó mucho a Henrique, que a veces enrojecía de vergüenza y de indignación por su hermana, pero no dejó de excitar vivamente su curiosidad por conocer a una esclava de tan extraordinaria belleza.

Al día siguiente de la llegada de los jóvenes, a las ocho de la mañana, Isaura, que acababa de sacudir los muebles y de arreglar el salón, hallábase sentada junto a una ventana y se entretenía en bordar, a la espera de que sus señores se levantaran para servirles el café. Leoncio y Henrique no tardaron en aparecer y deteniéndose en la puerta del salón se pusieron a contemplar a Isaura, que sin apercibirse de la presencia de ellos continuaba bordando distraídamente.

–Bueno, ¿qué te parece? –susurraba Leoncio a su cuñado. Una esclava así, ¿no es un tesoro inapreciable? ¿Quién no diría que es una andaluza de Cádiz o una napolitana?…

–No es nada de eso, sino algo mejor –respondió Henrique maravillado. Es una perfecta brasileña.

–¿Brasileña? ¡Bah! Es superior a todo cuanto existe. Esos encantos y esas diecisiete primaveras en una muchacha libre hubieran hecho perder el juicio a mucha gente buena. Tu hermana pretende insistentemente que la libere, alegando que ésa era la voluntad de mi difunta madre, pero yo no soy tan tonto para deshacerme así, sin más ni más, de una joven tan preciosa. Si mi madre tuvo el capricho de criarla con todo mimo y de darle una esmerada educación, no lo hizo seguramente para abandonarla al mundo, ¿no crees?… También mi padre parece ceder a los ruegos del padre de ella, un pobre gallego que anda por ahí que pretende liberarla, pero el viejo pide por ella tan exorbitante suma que nada habremos de temer por ese lado. Dime, Henrique, ¿crees que haya algo que pague una esclava así?…

–En verdad es encantadora –replicó el joven. Si estuviera en un serrallo de sultán, sería su odalisca favorita. Pero debo decirte, Leoncio –prosiguió, clavando en su cuñado una mirada llena de maliciosa penetración–, como tu amigo y como hermano de tu mujer, que tener en tu sala al lado de mi hermana a una esclava tan linda y tan bien tratada no deja de ser un inconveniente y tal vez un peligro para la tranquilidad doméstica…

—¡Bravo! —interrumpió Leoncio, divertido— ¡para la edad que tienes eres ya un moralista notable…!, pero no te preocupes por eso, mi muchacho, tu hermana no tiene esas veleidades, y es ella misma quien más gusta de que Isaura sea vista y admirada por todos. Y tienes razón; Isaura es como un objeto de lujo que debe estar siempre expuesto en el salón. ¿Querrías acaso que yo mandase para la cocina mis espejos de Venecia?…

Malvina, que venía del interior de la casa, risueña, fresca y alegre, como una mañana de abril, interrumpió esta conversación.

—¡Buenos días, señores perezosos! —dijo ella con voz argentina y festiva como el trino de una golondrina. ¡Al fin se levantaron!

—Hoy estás muy alegre, querida mía —le respondió sonriendo el marido— ¿viste algún pajarito verde de pico dorado?…

—No lo vi, pero lo he de ver; estoy muy alegre y quiero que hoy sea un día de fiesta para todos aquí en la casa. Eso depende de ti, Leoncio, y por eso estaba deseando que te levantaras. Quiero decirte algo que debía haberte dicho ayer, pero el placer de ver a este ingrato hermano, a quien hace tanto tiempo que no veía, me hizo olvidar…

—¿De qué se trata?… Habla, Malvina.

—¿No recuerdas una promesa que siempre me haces, promesa sagrada, que hace mucho tiempo debía haber sido cumplida?… Hoy quiero absolutamente, exijo, su cumplimiento.

—¡¿De veras?!… ¿Pero qué promesa?… No recuerdo.

—¡Ah!, veo que te haces el olvidadizo!… ¿No recuerdas que me prometiste darle la libertad a…

—¡Ah! ¡ya sé, ya sé! —atajó Leoncio con impaciencia. ¿Mas por qué tratar eso aquí ahora, en presencia de ella?… ¿Qué necesidad hay de que nos oiga?

—¿Y qué mal hay en eso? Pero sea como tú quisieres —contestó la muchacha tomando a Leoncio de la mano y llevándolo hacia el interior de la casa—; vamos para adentro. Henrique, espera ahí un momento, mientras voy a mandar que nos preparen el café.

Sólo después de la llegada de Malvina, Isaura se percató de la presencia de los dos hombres, que a cierta distancia la contemplaban cuchicheando sobre ella. Tampoco pudo oír ni comprender nada del rápido diálogo que tuviera lugar entre Malvina y su marido. Apenas éstos se retiraron, ella también se levantó para salir, pero Henrique, que se había quedado solo, la detuvo con un gesto.

—¿Qué desea, señor?— dijo ella, bajando los ojos con humildad.

—Espera, muchacha, tengo algo que decirte —replicó el joven, y sin decir nada más se colocó delante de ella devorándola con los ojos y contemplando con éxtasis su maravillosa belleza. Henrique se sentía tímido ante aquella noble figura radiante de hermosura y de angélica serenidad. Por su parte, Isaura también lo miraba atónita e inmóvil, esperando en vano que le dijese lo que quería. Por fin, Henrique, fatuo y necio como era, recordando que Isaura, a pesar de toda su hermosura, no pasaba de ser una esclava, pensó que estaba haciendo un ridículo papel, parado allí frente a ella en muda y extática contemplación, y acercándose más, con todo desenfado y petulancia, le tomó la mano y le dijo:

—Oye, mulatica, tú no puedes hacerte idea de lo embrujadora que eres. Mi hermana tiene razón; es una pena que una muchacha tan linda como tú no sea más que una esclava. Si hubieses nacido libre serías sin duda alguna la reina de los salones.

—¡Está bien, señor, está bien! —replicó Isaura soltándose de la mano de Henrique—; si es eso lo que tenía que decirme, déjeme ir ahora.

—Espera aún un poco, no seas mala, yo no quiero hacerte daño. ¡Oh!, ¡cuánto daría yo por obtener tu libertad, si con ella pudiese también obtener tu amor!… Eres muy graciosa y muy linda para permanecer por mucho tiempo en cautiverio; alguien tendrá irremisiblemente que venir a arrancarte de él, y si has de caer en manos de algún desconocido que no sabrá valorarte como es debido, pues que sea yo, mi Isaura, el hermano de tu señora, quien de esclava te haya de convertir en una princesa…

—¡Ah, señor Henrique! —respondió la muchacha con enfado—; ¿al señor no le da pena dirigir esos galanteos a la esclava de su hermana? Eso no le cuadra; hay por ahí tantas jóvenes bonitas a quienes el señor puede hacer la corte…

—¡No!, todavía no he visto ninguna que te iguale, Isaura, te lo juro. Mira, Isaura, nadie más que yo está en condiciones de conseguir tu libertad; soy capaz de obligar a Leoncio a liberarte, porque, si no me engaño, ya he adivinado sus planes e intenciones y te prometo que voy a hacerlos fracasar todos; es una infamia que no puedo consentir. Además de libertad, tendrás todo lo que desees: sedas, joyas, carruajes, esclavos para que te sirvan; y encontrarás en mí un amante solícito, que siempre te querrá y nunca te cambiará por ninguna de las mujeres que hay por esos mundos, por bonita y rica que sea, porque tú sola vales más que todas ellas juntas.

—¡Dios mío! —exclamó Isaura con un ligero tono de mofa—, tanta grandeza me aterra; eso me haría perder el juicio. Nada, mi señor; guarde sus grandezas para quien más las merezca; yo por ahora estoy contenta con mi suerte.

—¡Isaura!… ¿por qué tanta crueldad?… Escucha —dijo el joven rodeando con su brazo el cuello de Isaura.

—¡Señor Henrique! —gritó ella esquivando el brazo—; ¡por favor, déjeme en paz!

—¡Por piedad, Isaura! —insistió el muchacho intentando abrazarla de nuevo—; ¡oh!, ¡no hables tan alto!… Un beso… Un beso solo, y ya te dejo…

—Si el señor continúa, gritaré más alto. No puedo trabajar aquí ni un momento sin que me vengan a perturbar con declaraciones que no debo escuchar…

—¡Oh, qué altanera! —exclamó Henrique, ya un poco irritado con tanta resistencia. ¡No le falta nada!… Tiene hasta los aires desdeñosos de una gran señora!… No te enfades así, mi princesa…

—¡Basta, señor! —gritó la esclava en el clímax de la impaciencia. ¡Ya con el señor Leoncio era suficiente!…; ahora viene el señor también…

–¿Cómo?… ¿qué estás diciendo?…, ¿también Leoncio?… ¡Oh!… ¡Oh!, ¡el corazón bien me lo decía!… ¡Qué infamia!… Pero seguro que tú lo escuchas con menos impaciencia, ¿no es así?

–La misma con que escucho al señor.

–No lo dudo, Isaura; la lealtad que debes a tu señora que tanto te estima, no te permite dar oídos a ese perverso. Mas conmigo el caso es diferente, ¿qué motivo hay para que seas así tan cruel?

–¡¡¡¿Yo cruel con mis señores?!!! Oiga, señor, ¡por el amor de Dios!… No se burle así de una pobre cautiva.

–¡No! Yo no me burlo… ¡Isaura!… escucha –exclamaba Henrique forcejeando para abrazarla y hurtarle un beso.

–¡Bravo!…, ¡bravísimo! –retumbó por el salón una voz acompañada de una sardónica y estrepitosa carcajada.

Henrique se volvió sobresaltado. Toda su amorosa exaltación se había congelado de súbito en el fondo de su corazón.

Leoncio estaba de pie en medio de la puerta, con los brazos cruzados y mirándolo con una sonrisa llena del más insultante escarnio.

–¡Bravo! ¡Muy bien, mi señor cuñado! –continuó Leoncio en el mismo tono de mofa–. ¡Está poniendo en práctica bellísimamente sus lecciones de moral!… ¡Piropeando a las esclavas!… ¡Qué galante!… ¡Sabe respetar divinamente la casa de su hermana!…

–¡Ah!, ¡maldito importuno! –murmuró Henrique apretando los dientes con ira, y su primer impulso fue embestirlo con el puño cerrado y responder así a los insolentes sarcasmos del cuñado. Pero, reflexionando un momento, sintió que le sería más ventajoso emplear contra su agresor la misma arma de que éste se sirviera contra él, el sarcasmo, que las circunstancias le permitían esgrimir de un modo victorioso y decisivo. Se calmó, pues, y con una sonrisa de soberano desdén:

—¡Ah!, ¡perdón cuñado mío! —dijo—, no sabía que la peregrina joya de tu salón te preocupara hasta el punto de andar espiándola. Creo que el celo que sientes por ella supera el respeto que debes a tu casa y a tu mujer. ¡Pobre hermana mía!… ¡Es todo tan evidente…!; ¡admira que desde hace más tiempo no haya conocido al bello marido que posee!

—¿Qué estás diciendo, muchacho? —gritó Leoncio con un gesto amenazador—. Repite: ¿qué estás diciendo?

—Lo mismo que el señor acaba de oír —respondió Henrique con firmeza— y tenga la seguridad de que su indigno proceder no permanecerá oculto a mi hermana por mucho tiempo.

—¿Qué proceder? ¿Tú deliras, Henrique?…

—¡Hágase el tonto!… ¿Cree que no lo sé todo?… En fin, adiós, señor Leoncio, yo me retiro, porque sería altamente inconveniente, indigno y ridículo de mi parte, estar disputando con el señor por el amor de una esclava.

—Espera, Henrique… escucha.

—No, no tengo nada que hablar con el señor. ¡Adiós! —dijo, y se marchó precipitadamente.

Leoncio se sintió aplastado y se arrepintió una y mil veces de haber provocado tan imprudentemente a aquel liviano y alocado mozalbete. Ignoraba que su cuñado estuviese al tanto de la pasión que sentía por Isaura y de los esfuerzos que hacía para vencer su frialdad y lograr sus favores. Es cierto que le había hablado sin mucho disimulo al respecto, pero algunas palabras dichas entre hombres, en tono de chanza, no constituían una base suficiente para que Henrique pudiese articular una acusación seria contra él delante de su mujer. Seguramente la muchacha le había revelado algo, y esto lo hacía rabiar de despecho contra uno y otra. Bien poco le importaba la perturbación de la paz doméstica; lo que lo enfurecía era el peligro de ver alterados sus perversos designios sobre la gentil esclava.

–"¡Maldición! –rugía para sí. Ese loco es capaz de estropear mis planes. Si sabe algo, como parece, no dudará en llevar todo a los oídos de Malvina…"

Leoncio permaneció por algunos momentos de pie, inmóvil, sombrío, malhumorado, con el espíritu entregado a la cruel inquietud que lo fustigaba. Después, mirando a su alrededor, tropezó con los ojos de Isaura, la cual desde que apareció Leoncio, confundida, trémula y anhelante, se había escondido en un rincón de la sala, presenciando desde allí, en silenciosa ansiedad, el altercado de los dos hombres, como corza malherida que escucha el rugir de dos tigres que se disputan el derecho a devorarla. Por su parte, también se arrepentía en el fondo de su alma, y rabiaba contra sí misma por la indiscreta y loca revelación que en un instante de impaciencia dejara escapar de sus labios. Su imprudencia iba a ser motivo de la más deplorable discordia en el seno de aquella familia, discordia de la cual, a fin de cuentas, iba a ser ella la principal víctima. La desavenencia entre los dos jóvenes era como el choque de dos nubes que se encuentran y siguen vagando tranquilamente por el cielo; mas el rayo desprendido de aquellas iría a caer certero sobre la frente de la infeliz cautiva.

Capítulo IV

–¡Ah! ¿Todavía estás ahí?… Hiciste bien –dijo Leoncio en cuanto vio a Isaura, que, trémula y confusa, no se había atrevido a salir del rincón en que se abrigara, y donde hacía mil votos al cielo para que su señor no la viese ni se acordase de ella en aquel momento. Isaura –continuó él–, por lo que veo, andas bien adelantada en amores… Estabas oyendo los galanteos de ese chiquillo…

–Tanto como oigo los suyos, mi señor: por no tener otro remedio. Una esclava que osase mirar con amor a sus señores, merecería ser severamente castigada.

–¿Pero tú le dijiste algo a ese necio, Isaura?…

–¡¿Yo?! –respondió la esclava con aturdimiento; yo no dije nada que pueda ofenderlo ni al señor ni a él…

—Piensa bien tus palabras, Isaura…; no trates de engañarme. ¿Nada le dijiste sobre mí?

—Nada.

—¿Lo juras?

—Lo juro —balbuceó Isaura.

—¡Ah! ¡Isaura, Isaura!…, ten cuidado. Si hasta aquí he sufrido con paciencia tus rechazos y desdenes, no estoy dispuesto a tolerar que en mi casa, y en mi presencia, estés escuchando galanterías de quien quiera que sea, y mucho menos que reveles lo que está sucediendo. Si no quieres mi amor, evita al menos provocar mi odio.

—Perdón, señor, ¿qué culpa tengo yo de que me anden persiguiendo?

—Tienes razón en eso. Por lo que veo, me veré obligado a desterrarte de esta casa, y a esconderte en algún rincón donde no seas tan vista y codiciada…

—Pero, señor…

—Basta, no te puedo oír ahora, Isaura. No conviene que nos encuentren aquí conversando a solas. En otra ocasión te escucharé.

—"Es preciso impedir que ese tonto vaya a intrigar en mi contra con Malvina —murmuraba Leoncio al retirarse. ¡Ah, perro, maldita la hora en que te traje a mi casa!"

"¡Permita Dios que tal ocasión nunca llegue!", exclamó tristemente la muchacha dentro de su alma, viendo al señor alejarse.

Ella veía con angustia y mortal desasosiego las continuas, cada vez más encarnizadas proposiciones de Leoncio, y no atinaba con un medio para ponerles freno. Decidida a resistir hasta la muerte, recordaba la suerte de su infeliz madre, cuya triste historia bien conocía, pues la había oído, contada con miedo y misteriosamente, de boca de algunos esclavos de la casa, y entonces el futuro se le presentaba con los más negros y siniestros colores.

Revelar todo a Malvina era el único medio que se le ocurría para poner término a las osadías de su marido y evitar futuras desgracias. Mas Isaura quería mucho a su joven señora para atreverse a dar semejante paso, que iría a llenar su vida de disgustos y amarguras, quebrantando para siempre la risueña y dulce ilusión en que vivía.

Prefería morir como su madre, víctima de las más crueles atrocidades, antes de arrojar con sus manos una nube siniestra en el cielo hasta entonces tan sereno y bonancible de su querida señora.

El padre de Isaura, el único ser en el mundo que, con la excepción de Malvina, se interesaba por ella, pobre y simple jornalero, no se hallaba en condiciones de poder protegerla contra las persecuciones y violencias que la amenazaban. En tal cruel situación, Isaura sólo sabía llorar en secreto su desventura e implorar al cielo, del cual únicamente podía esperar un remedio a sus males.

Bien se comprende pues, ahora, ese acento tan dolorido, tan cargado de angustia, con que cantaba su canción favorita. Malvina se equivocaba al atribuir su tristeza a alguna pasión amorosa. Isaura conservaba aún el corazón en el más puro estado de independencia. ¡Con cuánta mayor compasión la hubiera lastimado su buena y sensible señora si hubiese podido adivinar la verdadera causa de los pesares que la afligían!

Capítulo V

Isaura, despertando de sus dolorosas y amargas preocupaciones, tomó su cesto de costura y se disponía a abandonar el salón, decidida a ocultarse en el más recóndito rincón de la casa o a refugiarse en algún escondrijo del pomar. Esperaba así evitar la repetición de escenas indecentes y vergonzosas como esas por las que acababa de pasar. Pero apenas había dado los primeros pasos cuando fue detenida por una extravagante y grotesca figura que, entrando en el salón, fue a colocarse delante de su ojos.

Era un mostrenco con formas humanas, un homúnculo en todo mal construido, de cabeza enorme, tronco raquítico, piernas cortas y arqueadas hacia afuera, peludo como un oso y feo como un mono. Era como uno de esos bufones deformes que formaban parte indispensable del séquito de un gran rey de la Edad Media, para diversión suya y de sus cortesanos. La naturaleza había olvidado formarle el pescuezo y la cabeza deforme le nacía desde el interior de una enorme joroba que la resguardaba casi como una capucha. Mirándolo bien, el rostro no era, sin embargo, muy irregular ni repugnante, y expresaba mucha cordura, sumisión y bondad.

Isaura hubiera soltado un grito de pavor si desde hace mucho no estuviese familiarizada con aquella figura, pues se trataba, ni más ni menos, del señor Belchior, fiel y excelente isleño que desde hacía muchos años ejercía en aquella hacienda, muy digna y cuidadosamente, a pesar de su deformidad e idiotez, el cargo de jardinero. Es posible que las flores, que son el símbolo natural de todo lo bello, puro y delicado, merecieran tener un cultivador menos deforme y repulsivo. Pero la suerte o el capricho del dueño de la casa quiso establecer aquel contraste, tal vez para hacer resaltar la belleza de unas a costa de la fealdad del otro.

Belchior sostenía en una de sus manos el ancho sombrero de paja, que arrastraba por el piso, y con la otra empuñaba, no un ramillete, sino un enorme ramo de flores de todo tipo, bajo cuya sombra procuraba eclipsar su desagradable y repugnante figura. Parecía uno de esos vasos de loza, de formas fantásticas y grotescas, que se llenan de flores para adornar mesas y aparadores.

–"¡Válgame Dios! –pensó Isaura al ver al jardinero–. ¡Qué suerte la mía! ¡También éste!… Al menos, es el más soportable de todos; los otros me fastidian, me atormentan y éste a veces me hace reír."

–¡Bienvenido, señor Belchior!, ¿qué desea?

–Señora Isaura, yo…, yo…, venía… –murmuró turbado el jardinero.

—¡Señora!… ¡Yo, señora!… ¿También usted pretende burlarse de mí, señor Belchior?…

—¡Burlarme yo de la señora! ¡No soy capaz! Que mi lengua sea comida de bichos si yo le falto a la señora el respeto debido… Vine a traerle estas *froles*, si bien la señora misma es una *frol*…

—¡Basta, señor Belchior!… ¡No siga diciéndome señora!; si continúa, me enfadaré con usted y no aceptaré sus *froles*… Yo soy Isaura, esclava de la señora Malvina, ¿oyó, señor Belchior?

—Aun así, eres la *sobeirana* de este corazón; y yo, muchacha, sería muy feliz si pudiera besarte los pies. Mira, Isaura…

—¡Menos mal! Ahora sí, trátame de ese modo.

—Mira, Isaura, yo soy un pobre jardinero, es cierto, pero sé trabajar, y no vas a encontrar vacía mi bolsa, donde ya tengo más de quinientos cruzados. Si me quisieras como yo te quiero, conseguiría tu libertad y me casaría contigo, pues tú no naciste para ser esclava de nadie.

—Muchas gracias por sus buenos deseos, pero pierde su tiempo, señor Belchior. Mis señores no venderán mi libertad a ningún precio.

—¡Ah, de veras!… ¡Qué *malbados*! ¡Tener así en *catiberio* a una reina de la *fermosura*!… Pero no importa, Isaura, tendré más gusto en ser el esclavo de una esclava como tú que en ser el señor de los señores de cien mil cautivos. ¡Isaura!… No puedes imaginarte cómo te quiero. Cuando riego mis *froles*, ¡te recuerdo siempre con tanta *nostialgia*!…

—¡No me diga! ¡Habrase visto amor!

—¡Isaura! —continuó Belchior arrodillándose—. ¡Ten piedad de este infeliz cautivo tuyo!…

—Levántese, levántese —interrumpió Isaura con impaciencia—. ¡Qué bonito sería que mis señores llegaran y lo vieran a usted haciendo estos papeles! Pero… ¿qué digo? ¡Ahí están!… ¡Oh, señor Belchior!…

En efecto, de un lado Leoncio, y del otro Henrique y Malvina, los estaban observando.

Henrique, al retirarse del salón, despechado y furioso con su cuñado, exaltado y liviano como era, fue a buscar a su hermana al comedor, donde se hallaba preparando el café, y allí, en presencia de ella, no vaciló en desahogar su cólera, diciendo palabras imprudentes que sembraron en el espíritu de la muchacha la semilla de la desconfianza y la inquietud.

—Ese marido tuyo, Malvina, no es más que un miserable canalla —dijo resoplando de rabia.

—¿Qué estás diciendo, Henrique?… ¿qué te ha hecho él? —preguntó la joven, asombrada por aquella furia.

—Siento pena por ti, hermana mía… si supieras… ¡Qué infamia!

—¡Estás loco, Henrique! ¿Qué es lo que ocurre?

—¡Quiera Dios que nunca lo sepas!… ¡Qué bajeza!

—¿Qué ha sucedido, Henrique?… Habla, explícate, por favor —exclamó Malvina pálida y jadeante en el clímax de la aflicción.

–¡Oh!, ¿qué tienes?… No te pongas así, hermana –respondió Henrique, arrepentido ya de las locas palabras que había pronunciado. Tarde comprendió que hacía un triste y deplorable papel al servir de mensajero de la discordia y de la desonfianza entre dos esposos que hasta ese instante habían vivido en la más perfecta armonía y tranquilidad. Tarde y en vano procuró atenuar el terrible efecto de su fatal indiscreción.

–No te preocupes, Malvina –prosiguió él intentando sonreír–, tu marido es un perfecto granuja, eso es todo; no vayas a pensar que nos queremos batir a duelo.

–No, pero has venido loco de rabia, con los ojos encendidos, y con un aire…

–¿Cuál?… ¿acaso no me conoces?… Yo siempre he sido así. Cojo la paja y le pongo candela, pero no es más que fuego de paja.

–¡Me asustaste!

–¡Pobrecita…!, toma esto –le dijo Henrique ofreciéndole una taza de café–, es lo mejor que existe para aplacar sustos y ataques de nervios.

Malvina trató de calmarse, pero las palabras de su hermano le habían llegado a lo más profundo de su corazón, como la mordida de una víbora que lo hubiese inundado con el veneno de la desconfianza.

La aparición de Leoncio, que venía del salón, puso fin a este incidente. Los tres tomaron el café de prisa y sin intercambiar una palabra; estaban recelosos, se miraban con desconfianza y de un momento a otro la discordia se perfilaba en el seno de aquella pequeña familia hasta entonces tan feliz, unida y tranquila. Una vez tomado el café, se retiraron, pero todos, por un impulso instintivo, dirigieron sus pasos hacia el salón; Henrique y Malvina, cogidos del brazo por el gran pasillo de la entrada, y Leoncio solo, a través de las habitaciones interiores que comunicaban con el salón. Era allí, en efecto, donde se encontraba la manzana fatal, pero inocente, que debía de servir de instrumento de desunión y desgracia de aquella naciente familia.

Llegaron a tiempo para presenciar el final de la ridícula escena que Belchior representaba a los pies de Isaura. Leoncio, sin embargo, que los espiaba a través de las cortinas entreabiertas de una alcoba, no veía a Henrique y a Malvina, que se habían parado en el pasillo junto a la puerta de entrada.

–¡Oh! ¡Oh! –exclamó él en el momento en que Belchior se arrodillaba a los pies de Isaura–. ¡Creo que tengo dentro de la casa un ídolo ante el cual todos vienen a postrarse y a rendir tributo!… ¡Hasta mi jardinero!… ¡Vaya, señor Belchior, qué bonito! Continúe la farsa, que no está mala… ¡Pero para cultivar esa flor no precisamos de sus cuidados, no! ¿Entendido, señor Belchior?

–Perdón, señor –balbució el jardinero mientras se levantaba tembloroso y turbado–, yo venía a traer estas *froles* para los *búcalos* de la sala…

–¡Y las presenta de rodillas!… ¡Qué galante!… Si continúa en ese papel de galán, le advierto que lo echaré fuera con dos puntapiés en esa joroba.

Avergonzado, confundido y turbado, Belchior, tambaleándose y tropezando con las sillas, huyó a ciegas en busca de la puerta de salida.

—¡Isaura! ¡Oh, mi Isaura! —exclamó Leoncio, yendo de la alcoba hacia la joven con los brazos abiertos, y dando a su voz, hasta entonces áspera y ruda, la más suave y tierna inflexión.

Un *ay* agudo y doloroso, que resonó por el salón, lo hizo detenerse mudo, helado y petrificado. Había visto en medio de la puerta a Malvina, que, pálida y desfallecida, ocultaba su frente en el hombro de su hermano, quien la amparaba en sus brazos.

—¡Oh, hermano mío! —exclamó ella volviendo de su desvanecimiento—, ahora lo comprendo todo; ahora entiendo lo que hace poco me decías.

Y con una de las manos apretadas sobre el corazón, que parecía querer estallarle de dolor, y con la otra ocultando en su pañuelo las lágrimas que le brotaban abundantes de los hermosos ojos, corrió a encerrarse en su aposento.

Leoncio, desconcertado por el terrible contratiempo que acababa de sufrir, permaneció largo tiempo caminando, frenético y agitado, de un lado a otro del salón, furioso con el cuñado, a cuya impertinente liviandad atribuía los fatales sucesos de esa mañana, que amenazaban con estropear todos sus planes con respecto a Isaura, y tratando de encontrar una escapatoria a las dificultades que atravesaba.

Isaura, habiendo soportado en menos de una hora tres abordajes consecutivos, dirigidos contra su pudor y pureza, aturdida, asustada, confundida y avergonzada, corrió a esconderse entre los naranjales como una liebre temerosa que oye ladrar por los prados a los perros empeñados en seguirle la pista.

Henrique, fuertemente indignado con el cuñado, no quería verle la cara; cogió su escopeta y salió dispuesto a pasar el día entero cazando pájaros por los bosques y a marcharse irrevocablemente para la corte al amanecer del día siguiente.

Los esclavos se quedaron mudos de asombro cuando a la hora del almuerzo el señor se sentó solo a la mesa. Leoncio mandó llamar a Malvina, pero ésta, pretextando una indisposición, no quiso salir de su cuarto. La primera reacción de Leoncio fue un impulso de cólera brutal. Estuvo a punto de lanzar al aire mantel, platos, cubiertos, comida, y correr a abofetear al atrevido e insolente chiquillo que en mala hora había entrado en su casa para perturbar la tranquilidad de su vida doméstica. Pero se contuvo a tiempo y, calmándose, comprendió que era mejor no darse por aludido y enfrentar con aires de indiferencia e incluso de desdén el despecho de su esposa y el mal humor del cuñado. Estaba convencido de que le iba a ser difícil, por no decir imposible, continuar disimulando a los ojos de su esposa su torpe conducta. Incapaz de arrepentirse e implorar perdón, decidió protegerse de la tempestad que iba a desatarse sobre su cabeza con el escudo de la más cínica indiferencia. Para llevar a cabo este plan, se inspiraba en el orgullo y en el mal concepto que tenía de todas las mujeres, en las cuales no creía existiese ni pundonor ni dignidad.

Después del almuerzo, Leoncio montó a caballo, recorrió los campos de cultivo y los cafetales, cosa que muy raras veces hacía, y al ponerse el sol regresó a la casa, comió con el mayor sosiego y apetito, y después se dirigió al salón, donde, descansando en un suave y fresco sofá, se puso a fumar tranquilamente su habano.

En ese momento regresó Henrique de su cacería y después de buscar inútilmente a su hermana por todos los rincones de la casa, acabó por encontrarla encerrada en su dormitorio desfigurada, pálida y con los ojos enrojecidos e hinchados de tanto llorar.

—¿Dónde has estado, Henrique?... Tenía deseos de verte —exclamó la muchacha al ver al hermano—. ¡Qué mala costumbre esa de dejar a la gente así, sola!...

—¿Sola?... ¿acaso no has vivido hasta ahora sin mí en compañía de tu bello esposo?

—No me hables de ese hombre... Yo estaba engañada; ahora veo que con él estaba peor que sola, en compañía de un perverso.

—Menos mal que presenciaste con tus propios ojos lo que yo no tenía el valor de decirte. Pero dime, ¿qué vas a hacer?

—¿Qué voy a hacer?... Vas a verlo ahora mismo... ¿Dónde está él?... ¿Lo has visto por ahí?

—Si no me equivoco, lo vi en el salón; había allí un bulto sobre el sofá.

—Pues bien, Henrique, acompáñame...

—¿Por qué no vas sola? Evítame el disgusto de enfrentarme a ese hombre...

—No, no, es preciso que vayas conmigo. Por eso te estaba esperando. Necesito a alguien que me proteja y me aliente. Ahora hasta le tengo miedo.

—¡Ah!, comprendo, quieres que yo sea tu guardaespaldas, para poder insultar a tu antojo a ese bribón. Está bien, me presto con gusto a ello, y ya veremos si el muy canalla se atreve a no respetarte. ¡Vamos!

Capítulo VI

—Señor Leoncio —dijo Malvina con voz alterada, acercándose al sofá en que se hallaba el marido—, deseo decirle dos palabras, si eso no lo molesta.

—Estoy siempre a tus órdenes, querida Malvina —respondió él, levantándose ágil y risueño, aparentando no prestar atención al tono ceremonioso con que Malvina lo trataba—, ¿qué deseas?

—Quiero decirle —exclamó la joven en tono severo y haciendo vanos esfuerzos por darle a su lindo y tierno semblante un aire feroz—, quiero decirle que el señor me humilla y me traiciona en su casa de la manera más indigna y desleal…

—¡Santo Dios!… ¿qué estás diciendo, querida mía?… Explícate mejor, pues no comprendo ni una palabra de lo que dices…

—Es inútil que el señor se finja sorprendido; bien sabe la causa de mi disgusto. Ya debía haberme dado cuenta de esa vergonzosa conducta suya… Hace mucho tiempo que el señor no es el mismo conmigo, que me trata con frialdad e indiferencia…

—¡Oh!, mi corazón, ¿pues querías que la luna de miel durase eternamente? Eso sería horriblemente monótono y prosaico.

—¡Y todavía te burlas, infame! —gritó la joven, y esta vez las mejillas se le encendieron con un extraordinario rubor y le brillaron en los ojos destellos de una cólera terrible.

—¡Oh!, no te exasperes así, Malvina, estoy bromeando —dijo Leoncio, tratando de cogerle la mano.

—¡No es momento para bromas!… ¡Déjeme, señor!… ¡Qué infamia!… ¡Qué vergüenza para ambos!

—¿Vas a acabar de explicarte?

—No tengo nada que explicar. El señor bien me entiende. Sólo tengo que exigir…

—Pues exige, Malvina.

—Dé un destino cualquiera a esa esclava a cuyos pies el señor acostumbra vilmente postrarse: ¡libérela, véndala, haga lo que quiera! O ella o yo tenemos que abandonar para siempre esta casa, hoy mismo. Escoja entre nosotras.

—¿Hoy?

—¡Y ahora mismo!

—Eres muy exigente e injusta conmigo, Malvina —dijo Leoncio después de un instante de asombro y vacilación—. Bien sabes que mi deseo es liberar a Isaura, pero ¿acaso eso depende de mí solamente? Es a mi padre a quien corresponde hacer lo que de mí exiges.

—¡Qué disculpa tan miserable! Su padre ya le entregó los esclavos y la hacienda, y dará por bien hecho todo lo que el señor haga. Mas si acaso el señor la prefiere a ella y no a mí...

—¡Malvina!... ¡No digas tal blasfemia!...

—¡Blasfemia!... ¡Quién sabe!... Pero, en fin, dé un destino cualquiera a esa muchacha, si no quiere que me marche para siempre de su casa. En cuanto a mí, no la quiero ni un minuto más a mi servicio: es demasiado bonita para mucama.

—¿Qué le decía yo, señor Leoncio? —exclamó Henrique, que, ya cansado y avergonzado del papel de mudo guardaespaldas, entendió que debía intervenir también en la querella—. ¿Lo ve?..., ahí está el fruto que se recoge de esos bellos objetos de lujo que usted quiere tener a la fuerza en su salón...

—Esos objetos no serían tan peligrosos si no existieran viles chismosos que no vacilan en perturbar la tranquilidad de las casas ajenas para conseguir sus fines perversos...

—¡Alto ahí, señor!..., para impedir que el señor trasladara su objeto de lujo del salón a la alcoba, ¿comprende?... El escándalo se produciría más tarde o más temprano, y yo no puedo permanecer con los brazos cruzados mientras mi hermana es indignamente ultrajada.

—¡Señor Henrique! –gritó Leoncio avanzando hacia él, lleno de cólera y con gesto amenazador.

—¡Basta, señores! –gritó Malvina interponiéndose entre ambos–. Cualquier disputa por tal motivo es inútil y vergonzosa para todos nosotros. Ya yo le dije a Leoncio lo que tenía que decirle; que él decida; que haga lo que estime conveniente. Si quiere ser hombre de bien y de honor, todavía está a tiempo. Si no, déjeme, que yo lo sumiré en el desprecio que se merece.

—¡Oh, Malvina! Estoy dispuesto a hacer todo lo posible para tranquilizarte y alegrarte. Pero debes saber que no puedo satisfacer tu deseo sin consultar primero con mi padre, que está en la corte. Es preciso que sepas que mi padre no tiene ningún deseo de liberar a Isaura, y tanto es así que, para verse libre de la insistencia del padre de ella, quien también quiere liberarla a cualquier precio, exigió una suma tan exorbitante que será casi imposible al pobre hombre reunirla.

—¡Busco a alguien de la casa, por favor…! ¿Me permiten entrar?– gritó en ese momento con voz fuerte y sonora una persona que venía subiendo la escalera del pórtico.

—Quienquiera que sea, puede entrar –respondió Leoncio, dando gracias al cielo, que tan oportunamente le enviaba una visita para interrumpir aquella desagradable y delicada cuestión, librándolo del apuro en que se hallaba.

Pero, como se verá, no tenía mucho de qué alegrarse. El visitante era Miguel, el antiguo administrador de la hacienda, el padre de Isaura, otrora groseramente despedido por el padre de Leoncio.

Éste, que aún no lo conocía, lo recibió con afabilidad.

—Siéntese —le dijo— y díganos, por favor, el motivo por el que nos honra con su visita.

—¡Gracias! —dijo el recién llegado, después de saludar respetuosamente a Henrique y a Malvina—. Usted es sin duda el señor Leoncio…

—Para servirle.

—¡Muy bien!… Pues es con usted con quien debo hablar, en ausencia de su señor padre. El asunto que me trae es sencillo y creo que puedo tratarlo en presencia del señor y de la señora, que me parecen ser también de la casa.

—¡Por supuesto!, entre nosotros no hay secretos ni reservas.

—He aquí a lo que he venido, señor mío —dijo Miguel, sacando del bolsillo de su largo gabán una cartera que presentó a Leoncio—. Haga el favor de abrir esta cartera; en ella encontrará la suma exigida por su señor padre para la libertad de una esclava de esta casa nombrada Isaura.

Leoncio palideció y, tomando maquinalmente la cartera, permaneció unos instantes con la vista clavada en el techo.

—Por lo que veo —dijo al fin—, el señor debe ser el padre… ese que dice ser el padre de la tal esclava… El señor…, no recuerdo su nombre…

—Miguel, un servidor de usted.

—Es cierto; el señor Miguel. Me alegro mucho de que haya encontrado los medios para liberar a esa muchacha, ella bien merece ese sacrificio.

Mientras Leoncio abre la cartera, y cuenta y vuelve a contar muy despacio el dinero, billete por billete, más para ganar tiempo de reflexionar sobre lo que debía hacer en aquellas circunstancias que para verificar si la suma estaba completa, aprovechemos la ocasión para contemplar la figura del buen y honesto portugués, padre de nuestra heroína, del cual sólo nos habíamos ocupado de pasada.

Era un hombre de más de cincuenta años, en cuya fisonomía generosa y abierta se reflejaba la franqueza, la bondad y la lealtad.

Vestía pobremente pero con mucho aliño y limpieza, y por sus modales y conversación se conocía que aquel hombre no había ido al Brasil, como casi todos sus patricios, dominado por la sed de riquezas. Tenía el trato y el lenguaje de un hombre pulido y de esmerada educación. De hecho Miguel era hijo de una noble y honrada familia de miguelistas que había emigrado al Brasil. Sus padres, víctimas de persecuciones políticas, murieron sin tener nada que dejar al hijo, que en ese entonces tenía entre dieciocho y veinte años. Solo, sin recursos y sin protección, se vio obligado a vivir del trabajo de sus brazos, haciéndose jardinero y horticultor, oficio este que, como hijo de labrador, robusto, activo e inteligente, desempeñaba con suma pericia y perfección.

El padre de Leoncio, habiendo tenido ocasión de conocerlo y de apreciar sus méritos, lo contrató como administrador de su hacienda con ventajosas condiciones. Allí sirvió muchos años, siempre muy respetado y querido por todos, hasta que ocurrió el fatal, pero muy explicable, incidente que conocemos, y a consecuencia del cual fue groseramente despedido por su patrón. Miguel alentó un amargo resentimiento y experimentó un profundo dolor, no tanto por sí mismo como por amar a las dos infelices criaturas que no podía proteger contra la saña de un señor perverso y brutal. Mas forzoso le fue resignarse. No le faltaba el trabajo ni alojamiento en las haciendas vecinas. Conocedores de sus cualidades, los labradores de la zona lo recibieron con los brazos abiertos; la dificultad residía en escoger el lugar donde trabajar. Optó por el más próximo, para estar lo más cerca posible de su querida hija.

Como el gobernador casi siempre estaba en la corte o en Campos, Miguel tenía la oportunidad y la facilidad de ver con frecuencia a la niña, por la cual sentía un cariño cada vez más entrañable. La esposa del gobernador, en ausencia de éste, daba al portugués entrada libre en su casa, y le facilitaba los medios para verla y estar cerca de su hija, con lo cual él vivía muy consolado y contento. En verdad, el cielo le había dado a su hija, en la persona de su señora, una segunda madre tan buena y desvelada como podría serlo la primera, y que, más que ésta, podía brindarle amparo y protección. La muerte inesperada de aquella virtuosa señora vino a despedazarle el corazón, destruyendo todas sus halagadoras esperanzas.

¡Pero mucho puede el amor paterno en un alma generosa y sensible!… Miguel, sobreponiéndose a todo el odio, repugnancia y asco que le inspiraba la persona del gobernador, no vaciló en ir a humillarse delante de él, molestarlo con sus súplicas y rogarle con lágrimas en los ojos que pusiese precio a la libertad de Isaura.

–No hay dinero que la pague; ha de ser mía siempre –respondía con orgulloso cinismo el inexorable señor al infeliz y afligido padre.

Por fin un día, para verse libre de las insistencias y súplicas de Miguel, le dijo con malos modos:

–Hombre de Dios, tráigame dentro de un año diez contos de reis y entonces le entregaré libre a su hija… Pero ahora, déjeme, por caridad. Si no viene en ese plazo, pierda las esperanzas.

–¡Diez contos de reis! Es una suma demasiado fuerte para mí…, pero no importa…, ella vale mucho más que eso. Señor gobernador, voy a hacer lo imposible para traerle esa suma dentro del plazo fijado. Confío en que Dios me ha de ayudar.

El pobre hombre, a fuerza de trabajo y ahorro, imponiéndose privaciones, vendiendo todo lo superfluo y limitándose a lo que era estrictamente indispensable, al cabo del año apenas había reunido la mitad de la cantidad exigida. Tuvo que recurrir a la generosidad de su nuevo patrón, quien, conociendo el santo y noble fin que perseguía su administrador, y la humillación y la extorsión de que era víctima, no titubeó en darle la suma requerida con carácter de préstamo o de adelanto de salarios.

Leoncio, que como su padre juzgaba imposible que Miguel pudiese reunir en un año tan considerable suma, se quedó atónito y altamente contrariado cuando éste se presentó a efectuar el pago.

–Diez contos –dijo por fin Leoncio terminando de contar el dinero. Es justamente la suma exigida por mi padre. –"¡Bien estúpido y avaro es este padre mío, reflexionaba, pues yo no la daría ni por cien contos!"–. Señor Miguel –continuó en voz alta mientras le entregaba la cartera–, guarde por ahora su dinero; Isaura no me pertenece todavía; solo mi padre puede disponer de ella. Mi padre está en la corte y no me dejó autorización alguna para tratar semejante negocio. Arréglese usted con él.

–Pero usted es su hijo y heredero único, y bien podría por sí mismo...

–¡Alto ahí, señor Miguel! Afortunadamente, mi padre está vivo aún y no puedo permitirme desde ahora disponer de sus bienes como herencia mía.

–No obstante, señor, tenga la bondad de guardar este dinero y de enviarlo a su señor padre, rogándole de mi parte el favor de cumplir la promesa que me hizo de liberar a Isaura si yo pagaba esa cantidad.

–¿Y todavía vacilas, Leoncio? –exclamó Malvina impaciente e indignada con las evasivas del marido–. ¡Escribe, escribe cuanto antes a tu padre; no puedes negarte, sin deshonor, a cooperar en la obtención de la libertad de esa muchacha!

Leoncio, doblegado por la mirada imperiosa de la mujer y obligado por las circunstancias que contra él conspiraban, no pudo seguir aduciendo pretextos. Pálido, sombrío y pensativo fue a sentarse junto a una mesa, donde había papel y tinta, y con la pluma en la mano se puso a meditar con la actitud de quien va a escribir. Malvina y Henrique, asomados a una ventana, conversaban entre sí en voz baja. Miguel, sentado en un rincón en el otro extremo de la sala, esperaba pacientemente, cuando Isaura, que desde el lugar donde se hallaba escondida lo había visto llegar, entrando en el salón sin ser sentida, se le presentó delante de los ojos. Entre padre e hija se entabló a media voz el siguiente diálogo:

—¡Padre mío!… ¿Qué novedad lo trae aquí?… Me parece que tiene un aspecto más alegre que de costumbre.

—¡Silencio! —murmuró Miguel, llevándose el dedo a los labios y señalando hacia Leoncio—. Se trata de tu libertad.

—¿De veras, padre?…, pero ¿cómo puede obtener eso?

—¿Cómo?…, pues a precio de oro. Te compré, hija. Y en breve vas a ser mía.

—¡Ah!, ¡mi padre querido!… ¡Qué bueno es usted con su hija!… ¡Si supiera cuántos han venido hoy a ofrecerme la libertad!… ¡Pero a qué precio! ¡Dios mío!…, ni me atrevo a contárselo. ¡Mi corazón presentía —continuó besando con tierna efusividad las manos de Miguel— que yo sólo debía recibir la libertad de aquel que me dio la vida!…

—¡Sí, querida Isaura! —dijo el viejo apretándola contra su corazón—. ¡El cielo nos favoreció y dentro de poco vas a ser mía, sólo mía, mía para siempre!…

—¿Y él consiente? —preguntó Isaura señalando a Leoncio.

—El negocio no es con él, es con su padre, a quien ahora escribe.

—En ese caso tengo alguna esperanza, pero si mi suerte dependiera de ese hombre, seré para siempre esclava.

–¡Diablos! ¡Mil diablos! –rezongó en voz baja Leoncio levantándose y dando sobre la mesa un furioso puñetazo. ¡No sé qué hacer para impedir esta incalificable locura de mi padre!

–¿Ya terminaste de escribir, Leoncio? –preguntó Malvina volviendo al salón.

Antes de que Leoncio pudiese responder a esta pregunta, un criado entró rápidamente y le entregó una carta con un ribete negro.

¡De luto!... ¡Dios mío!... ¿Qué será? –exclamó Leoncio, pálido y tembloroso, mientras abría la carta. Y después de haberla recorrido rápidamente con la vista, se dejó caer sobre una silla, sollozando y llevándose el papel a los ojos.

–¡Leoncio! ¡Leoncio!... ¿Qué pasa? –exclamó Malvina, pálida de susto. Y tomando la carta que Leoncio había tirado sobre la mesa, comenzó a leer con voz entrecortada:

–"Leoncio, tengo que darte una dolorosa noticia para la cual tu corazón no podía estar preparado. Es un golpe por el que todos tenemos que pasar inevitablemente y que debes soportar con resignación. Tu padre ya no existe; murió anteayer de manera súbita, víctima de una congestión cerebral..."

Malvina no pudo continuar, y en ese momento, olvidándose de la injurias y de todo lo que le había ocurrido en aquel nefasto día, se arrojó sobre su marido, y abrazándolo estrechamente, mezcló sus lágrimas con las de él.

–¡Ay, padre mío!... ¡Todo está perdido! –exclamó Isaura, apoyando su linda y pura frente sobre el pecho de Miguel–. ¡Ya no nos queda ninguna esperanza!...

—¡Quién sabe, hija mía! —replicó gravemente el padre—. No nos desanimemos; ¡el poder de Dios es grande!…

Capítulo VII

En la hacienda de Leoncio había un gran recinto toscamente construido, sin revestimiento ni entarimado, destinado al trabajo de las esclavas que se ocupaban de hilar y tejer la lana y el algodón.

Los muebles de este sitio consistían en trípodes, taburetes, bancos, ruecas de hilar, devanaderas y un gran telar colocado en un rincón.

A lo largo del salón, delante de grandes ventanas enrejadas que daban a un amplio patio interior, había una fila de hilanderas. Eran de veinte a treinta negras, criollas y mulatas, con sus hijos pequeños colocados en sus regazos o jugando alrededor de ellas. Unas conversaban, otras canturreaban para hacer más breves las largas horas de su fastidioso trabajo. Se veían allí caras de todas las edades, colores y formas, desde la vieja africana, enfurruñada y escuálida, hasta la rolliza y radiante criolla, desde la negra de color azabache hasta la mulata casi blanca.

Entre estas últimas se distinguía una muchachita, lo más vistosa y gentil que podemos imaginarnos en su tipo. Esbelta y flexible de cuerpo, tenía un rostro gracioso, los labios un poco gruesos pero bien modelados, voluptuosos, húmedos y rojos como capullos acabados de brotar en una mañana de abril. Los ojos negros no eran muy grandes, pero tenía una vivacidad y una picardía encantadoras. Los cabellos negros y encrespados bien podían estar en la cabeza de la más blanca hidalga de ultramar. No obstante, ella los llevaba cortos y muy rizados, a la manera de los hombres. Esto, lejos de restarle gracia, le daba a su fisonomía burlona y despabilada un toque original y encantador. Si no fuera por los aretes de oro que le temblaban en las pequeñas y bien perfiladas orejas, y por los túrgidos y jadeantes senos que como dos traviesos cabritillos le saltaban por debajo de la transparente camisa, la hubiéramos tomado por un muchachón pillo y petulante. Veremos en breve de qué ralea era esta muchacha que tenía el bonito nombre de Rosa.

En medio del susurro de las ruedas que giraban, de los monótonos cantos de las hilanderas, del acompasado estrépito del telar, que trabajaba sin cesar, de los gritos y alaridos de los niños, quien escuchara atentamente oiría la siguiente conversación, entablada tímidamente y a media voz en un grupo de hilanderas, entre las cuales se encontraba Rosa.

–Compañeras –decía a sus vecinas una criolla vieja, astuta y conocedora de todos los misterios de la casa desde los tiempos de los señores antiguos–, ahora que el señor murió y que la señora Malvina se fue para casa de su padre, es cuando vamos a sentir lo que son los rigores del cautiverio.

–¿Por qué, tía Joaquina?

–¿Por qué?... ¡Ya verán! Ustedes saben bien que el señor viejo no era de juego; pues sí, hay un refrán que dice "detrás de mí vendrá quien bien me hará", y este señor joven, Leoncio..., ¡hum!... Dios quiera que me equivoque..., me parece que nos va a hacer recordar con nostalgia el tiempo del señor viejo...

–¡Santa cruz! ¡Ave María!... ¡No hable así, tía Joaquina!... En ese caso sería mejor que nos mataran de una vez...

–Este no quiere saber de hilados ni de tejidos, no. Y dentro de poco iremos todos al campo a empuñar la azada de sol a sol, o pa'l cafetal a recoger café, con el látigo del administrador ahí pegado atrás de nosotros. El lo que quiere es café, que es lo que da dinero.

–También, a decir verdad, no sé qué será mejor –observó otra esclava–, si estar en el campo trabajando con la azada o aquí pegada a la rueda, desde que amanece hasta las nueve o las diez de la noche. Me parece que allí al menos la gente se siente más a gusto.

–¡¿Más a gusto?!... ¡Qué esperanza! –exclamó una tercera–. ¡Prefiero mil veces estar aquí!, al menos nos libramos del maldito administrador.

–¡En el fondo –sentenció la vieja criolla– todo es cautiverio! Quien tuvo la desgracia de nacer cautivo de un mal señor, ya sea por aquí, ya sea por allá, ha de penar siempre. El cautiverio es algo malo; no fue Dios quien lanzó al mundo una cosa así, no; fue un invento del diablo. ¿No ven lo que le ocurrió a la pobre Juliana, la madre de Isaura?

–Y hablando de eso –atajó una de las hilanderas–, ¿qué está haciendo ahora Isaura?… Cuando la señora Malvina estaba aquí, ella andaba como un lujo por la sala; ahora…

–Ahora hace a veces de señora Malvina –añadió Rosa con su sonrisa malvada y burlona.

–¡Cállate, muchacha! –ordenó con voz severa la vieja criolla–. No digas esas cosas. Pobre Isaura. ¡Dios te libre de estar en el pellejo de esa criatura! ¡Si ustedes supieran cuánto sufrió su pobre madre! ¡Ah!, el señor viejo fue un hombre cruel de verdad. Dios lo perdone. Ahora con Isaura y el señor Leoncio la cosa va tomando el mismo rumbo. Juliana era una mulata bonita y decidida; era del color de esta Rosa, pero más bonita y mejor formada…

Rosa chasqueó los labios e hizo un gesto desdeñoso.

–Pero eso mismo fue su perdición, ¡pobrecita! –continuó la criolla vieja–. Lo malo fue que el señor viejo se encaprichó con ella… Ya yo les he contado lo que ocurrió. Juliana era una muchacha valiente y por eso tuvo que penar hasta morir. En aquel tiempo el administrador era ese señor Miguel que anda por ahí y que es el padre de Isaura. ¡Ese sí era un administrador bueno!… Todo el mundo lo quería mucho y todo marchaba bien. Pero ese señor Francisco que tenemos ahora, ¡Dios me libre!… Es la peor plaga que ha puesto los pies en esta casa. Pero como les iba diciendo, el señor Miguel quería mucho a Juliana, y trabajó hasta reunir dinero para emanciparla. Pero el viejo no quiso, se puso muy bravo y lo botó de aquí. Juliana tampoco duró mucho, el látigo y el trabajo la mandaron pa' la tumba en poco tiempo. La pobre niña era todavía de brazos, y si no hubiera sido por la señora vieja,

que era una santa mujer, ¡Dios sabe lo que hubiera sido de ella!…
¡Pobrecita!… ¡Era preferible que Dios se la hubiese llevado!

—¿Por qué, tía Joaquina?

—Porque me está pareciendo que va a tener el mismo destino
que su madre…

—¿Y qué otra cosa se merece esa impostora? —murmuró la
envidiosa y malévola Rosa—. Piensa que por estar sirviendo en
la sala es mejor que las demás y no le hace caso a nadie. Ahora
le ha dado por enamorar a los jóvenes blancos, y como el padre
dice que va a emanciparla, se cree que es una gran señora. ¡Pobre
señor Miguel!… ¡No tiene donde caerse muerto y anda reuniendo
para liberar a la hija!

—¡Qué mala lengua tiene esta Rosa! —murmuró enfadada la
vieja criolla, lanzándole una mirada de represión—. ¿Qué daño
te ha hecho la pobre Isaura, esa paloma bondadosa que siendo
como es, bonita y civilizada como cualquier blanca, no es capaz de
menospreciar a nadie?… Si tú estuvieras en su lugar, tan haragana
y atrevida como eres, serías mil veces peor.

Rosa se mordió los labios con despecho e iba a responder
con todo el atrevimiento y la desvergüenza que le eran propios,
cuando una voz áspera y atronadora, partiendo de la puerta del
salón, retumbó por los rincones y puso fin a la conversación de
las hilanderas.

—¡Silencio! —bramaba aquella voz—. ¡Arre!, ¡qué chismorreteo!,
¡parece que aquí sólo se trabaja con la lengua!

Un hombre corpulento y cuadrado, de barba tupida y negra, de fisonomía dura y repulsiva, había aparecido en la puerta del salón y ya entraba en él. Era el administrador. Lo acompañaba un mulato todavía joven, esbelto y presumido, que vestía una bonita librea de paje y llevaba en sus manos una rueca de hilar. Detrás de ellos entró Isaura.

Todas las esclavas se levantaron y se inclinaron delante del administrador. Este mandó colocar la rueca en un espacio desocupado, que desafortunadamente para Isaura quedaba al lado de Rosa.

—Ven acá, muchacha —dijo el administrador dirigiéndose a Isaura—. De hoy en adelante éste será tu lugar, esta rueca te pertenece y que tus compañeras te den tarea para hoy. Comprendo que el cambio no te guste mucho, pero ¿qué le vamos a hacer? Tu señor así lo quiere. Esto no es suave, no; es acabar de prisa una tarea para iniciar otra. Poca conversación y mucho trabajar.

Sin mostrarse contrariada ni humillada con la nueva ocupación que le daban, Isaura fue a sentarse junto a la rueca y se puso a prepararla para dar comienzo al trabajo. Por haberse criado en la sala y haber hecho casi siempre labores delicadas, ella era hábil en todo tipo de servicio doméstico: sabía hilar, lavar, almidonar y cocinar tan bien o mejor que cualquier otra. Por eso, fue a situarse con toda satisfacción y desembarazo entre sus compañeras; sólo en la sonrisa que le revoloteaba en los labios se le notaba una cierta expresión de melancólica resignación, pero ello era el reflejo de las inquietudes y angustias que le oprimían el corazón y no disgusto por verse degradada del lugar que había ocupado toda su vida junto a sus señoras. Consciente de su condición, Isaura procuraba ser humilde como cualquier otra esclava, porque a despecho de su rara belleza y de las dotes de su espíritu, los humos de la vanidad no le adormecían el corazón, ni turbaban la luz de su natural buen sentido. Sin embargo, a pesar de toda esa modestia y humildad, incluso en contra de su voluntad, se le reflejaba en la mirada, en la forma de hablar y en los modales cierta dignidad y orgullo innato, proveniente tal vez de la conciencia de su superioridad, y ella, sin quererlo, sobresalía entre las demás, bella y graciosa, por la corrección y nobleza de sus rasgos fisonómicos y por cierta distinción en los gestos y ademanes. Nadie diría que era una esclava que trabajaba entre las compañeras, sino que antes la tomaría por una señora joven que, por liberalidad, hilaba entre las esclavas. Parecía la garza real, alzando el cuello garboso y altanero entre un montón de pájaros vulgares.

Las demás esclavas la contemplaban con cierto interés y compasión, porque de todas era querida excepto de Rosa, que le tenía envidia y aversión mortal. En dos palabras el lector conocerá el motivo de esta inquina de Rosa. No era sólo pura envidia; había en ello algo más concreto, que convertía esa envidia en odio mortal. Hacía tiempo que Rosa había sido amante de Leoncio, quien la había conquistado con facilidad, sin ruegos ni amenazas. No obstante, desde que prefirió a Isaura, abandonó y olvidó completamente a Rosa. La pícara mulatica se sintió herida en lo profundo de su corazón con ese desdén y, como era malvada y vengativa, al no poderse vengar de su señor, juró descargar todo el peso de su rencor sobre su infeliz rival.

–¡Mal rayo te parta, maldito!

–¡Que la mala lepra te consuma, cosa ruin!

—¡Que una serpiente venenosa te muerda la lengua, perro endemoniado!

Estas y otras maldiciones vomitaban las esclavas rezongando entre sí contra el administrador en cuanto él les viró la espalda. El administrador es el ser más detestado entre los esclavos; un verdugo no es objeto de tantos odios. Es más detestado que el cruel señor que puso en sus manos un látigo despiadado para azotarlos y agobiarlos de trabajo. Es así como el doliente se olvida del juez que dictó la sentencia para rebelarse contra el verdugo que la ejecuta.

Como ya dijimos, a Isaura le tocó en suerte sentarse cerca de Rosa. Enseguida ésta dirigió contra su infeliz compañera su batería de insultos y alusiones sarcásticas e irritantes.

—Siento una gran compasión por ti, Isaura —dijo Rosa para iniciar las operaciones.

—¿De veras? —respondió Isaura, dispuesta a enfrentar las provocaciones de Rosa con toda su natural bondad y paciencia—. Y ¿por qué, Rosa?

—¿Pues acaso no es duro cambiar la sala por la casa de esclavos, el sofá de descanso por ese cepo, el piano y la almohada de satín por esa rueca? ¿Por qué te botaron de allí, Isaura?

—Nadie me botó, Rosa, bien lo sabes. La señora Malvina se fue en compañía de su hermano para casa de su padre. Como no tengo nada que hacer en la sala, es por eso que vengo aquí a trabajar con ustedes.

–¿Y por qué ella no te llevó, a ti, que eras su niña linda?...
¡Ah! Isaura, te crees que me engañas, pero te equivocas, yo lo
sé todo. Tú te estabas volviendo muy presuntuosa y por eso te
mandaron aquí, para que conocieras tu lugar.

–¡Qué maliciosa eres! –replicó Isaura sonriendo tristemente,
pero sin alterarse–. ¿Crees entonces que yo estaba muy contenta y
orgullosa por encontrarme en la sala en medio de los blancos?...
¡Te equivocas!... Si tú no me persiguieras con tu mala lengua,
como estás haciendo, creo que me sentiría más satisfecha y
tranquila aquí.

–Eso sí que no te lo creo, no. ¿Cómo vas a sentirte mejor
aquí sin hombres que enamorar?

–Rosa ¿qué mal te he hecho yo para que me digas esas
calumnias?...

–¡Ay, la señora se puso brava!... Perdón, doña Isaura; yo creía
que la señora había dejado sus remilgos allá en el salón.

–Puedes decir lo que quieras, Rosa, pero yo sé bien que en la
sala o en la cocina no soy más que una esclava como tú. También
debes pensar que si hoy estás aquí, mañana sabe Dios dónde
estarás. Trabajemos, que es nuestra obligación y dejémonos de
estas conversaciones que no tienen nada de agradable.

En ese momento se escuchó el sonar de una campanilla; era
entre las tres y las cuatro de la tarde; la campanilla llamaba a los
esclavos a comer. Las esclavas suspendieron sus trabajos y se
levantaron. Pero Isaura no se movió y continuó hilando.

–¿Eh? –le dijo Rosa con su acento de burla–, ¿tú no oyes, Isaura? Ya es hora, vamos a comer.

–No, Rosa, yo me quedo aquí, no tengo hambre. Me quedaré adelantando mi trabajo, lo empecé muy tarde.

–Tienes razón, claro que una muchacha civilizada y grandiosa como tú no debe comer en la cazuela de los esclavos. ¿Quieres que te mande un caldito, un chocolate?…

–¡Cállate la boca, sinvergüenza! –gritó la criolla vieja, que parecía la jefa de aquel grupo de hilanderas–. ¡Qué lengua más viperina tienes!… Deja a la otra tranquila. Vamos, mi gente.

Todas las esclavas salieron e Isaura se quedó sola, entregada a su trabajo y más aún a sus tristes e inquietantes reflexiones. El hilo corría maquinalmente entre sus dedos suaves, mientras que el pie, pequeño, desnudo y delicado, abandonando el chanclo de marroquín, se posaba sobre el pedal de la rueca, a la que impulsaba automáticamente. La cabeza le colgaba hacia un lado como azucena desvanecida y los párpados entreabiertos eran como velos melancólicos que ocultaban un abismo insondable de tristeza y abatimiento. Estaba deslumbrante de belleza en aquella actitud encantadora y sencilla.

"–¡Ay, Dios mío! –pensaba ella–. ¡Ni aquí puedo encontrar un poco de paz!… ¡En todas partes me martirizan!… En la sala, los blancos me persiguen y arman mil intrigas y enredos para atormentarme. Aquí, entre mis compañeras, que parecen quererme y entre las cuales esperaba sentirme más tranquila, hay una que, por envidia o por lo que fuere, me mira con malos ojos y sólo trata de molestarme. ¡Dios mío! ¡Dios mío!… Ya tuve la desgracia de nacer cautiva, ¿no era preferible haber nacido bruta y deforme, como la más miserable de las negras, a haber recibido del cielo estos dones que solamente sirven para amargarme la existencia?"

Isaura no tuvo mucho tiempo para dar rienda suelta a sus angustiosas reflexiones. Oyó un ruido en la puerta, levantó los ojos y vio que alguien se dirigía hacia ella.

—¡Ay, Dios mío! —murmuró en voz alta—. Ahí viene otro a molestar. Ni siquiera me dejan estar sola un instante.

El recién llegado era, ni más ni menos, el criado André, a quien ya vimos en compañía del administrador, y que muy hinchado, emperifollado y petulante fue a colocarse delante de Isaura.

—Buenas tardes, linda Isaura. ¿Cómo se siente la flor? —saludó el charlatán del criado con aire pretencioso.

—Bien —respondió Isaura con sequedad.

—¿Estás disgustada?… Tienes razón para estarlo, pero deberás irte acostumbrando a este nuevo modo de vida. Es cierto que para quien estaba habituada a la sala, a las sedas, flores y perfumes, tiene que resultar muy triste quedarse metida aquí entre estas paredes ennegrecidas que apestan a picadura y el pabilo de los candiles.

—¿También tú, André, te aprovechas de la situación para insultarme?

—No, no, Isaura… Dios me libre de ofenderte; por el contrario, me duele de verdad el corazón al ver aquí metida entre este hatajo de negras bembonas y malolientes a una muchacha como tú, que sólo se merece pisar alfombras y acostarse en colchones de damasco. Ese señor Leoncio tiene un corazón de fiera.

–¿Y qué te importa eso? Yo me siento bien aquí.

–¿Qué?… No lo creo, éste no es tu lugar. Aunque por otro lado, me alegro…

–¿Por qué?

–Porque… mira, Isaura, para decirte la verdad, me gustas mucho y al menos aquí podemos conversar con más libertad…

–¡No me digas!… Desde ahora te aclaro que no estoy dispuesta a escuchar tus libertades.

–¡Ay, vaya! –exclamó André irritado por ese brusco desengaño–. ¡Entonces la *señora* sólo quiere oír las finezas de los mozos bonitos de la sala!… Pues mira, camarada, eso no siempre puede ser, y entre los de nuestra clase no vas a encontrar a un hombre con mejor figura que este tu criado. Ando siempre encorbatado, enguantado, calzado, almidonado, perfumado y, lo que es mejor –añadió golpeándose el bolsillo–, con éstos siempre repletos. Rosa, que también es una muchacha muy bonita, se bebe los aires por mí, pero, la pobre…, ¿qué es ella al lado tuyo?… Mira, Isaura, si supieras lo mucho que te quiero, no harías tan poco caso de mí. Si tú quisieras, oye…

Y diciendo esto, el bribón del criado, acercándose a Isaura, lanzó con desenfado su brazo alrededor del cuello de la muchacha, como queriendo decirle algún secreto o tal vez hurtarle un beso.

–¡Quieto! –exclamó Isaura rechazándolo enojada–. Te estás poniendo bastante atrevido. Retírate de aquí. Si no lo haces, iré a contárselo todo al señor Leoncio.

–¡Oh!, perdona, Isaura, no hay motivo para que te pongas así. Eres muy mala con quien nunca te ofendió y tan bien te quiere. Mas no importa, el tiempo ha de ablandar ese corazón de piedra. Adiós, ya me voy, pero, Isaura, por amor de Dios, no digas nada a nadie. Dios me libre de que el señor joven se entere de lo que pasó aquí; sería capaz de ahorcarme.

"Lo mejor de todo –murmuró André para sí mientras se retiraba– es que en este asunto me parece que él anda tan adelante como yo."

¡Pobre Isaura! ¡Siempre y en todas partes este constante acoso de señores y esclavos que no la dejan tranquila ni un momento! ¡Cómo no iba a sentirse afligido y atribulado su corazón! Dentro de la casa tenía cuatro enemigos, todos ellos empeñados en robarle la paz del espíritu y en torturarle el corazón: tres enamorados, Leoncio, Belchior y André, y una rival terrible y despiadada, Rosa. Le había sido fácil rechazar las impertinencias e insolencias de los esclavos y criados, ¡¿pero qué sería de ella cuando viniera el señor?!

En efecto, pocos instantes después, Leoncio, acompañado por el administrador, entraba en el cuarto de las hilanderas. Isaura, que había suspendido un momento el trabajo y con el rostro escondido entre las manos se hundía en amargas reflexiones, no se percató de la presencia de ellos.

–¿Dónde están las mujeres que trabajan aquí?... –preguntó Leoncio al administrador entrando en el recinto.

—Fueron a comer, señor, pero no tardarán en volver.

—Pero aquí quedó una… ¡Ah!, es Isaura…

"¡Qué bien! –dijo Leoncio para sí–, la ocasión no puede ser más favorable; haré mi último esfuerzo por seducir a esta empedernida criatura".

—En cuanto acaben de comer –continuó diciendo al administrador–, llévelas a recoger café. Hace rato quería encargarle eso y se me había olvidado. No las quiero ni un minuto más aquí; éste es un centro de haraganas donde pierden el tiempo sin provecho alguno, conversando sin parar. Hay por ahí bastantes tejidos de algodón que comprar.

Tan pronto como salió el administrador, Leoncio se acercó a Isaura.

—¡Isaura! –murmuró con voz suave y conmovida.

—¡Señor! –respondió la esclava levantándose sobresaltada, y después exclamó tristemente para sus adentros: "¡Dios mío! ¡Es él…! Llegó la hora del suplicio."

Capítulo VIII

Ahora nos resulta indispensable abandonar por algunos instantes a Isaura en su penosa situación delante de su disoluto y bárbaro señor para informar al lector sobre lo ocurrido en el seno de aquella pequeña familia, y sobre cómo quedaron los negocios de la casa después que la noticia de la muerte del gobernador, estallando como una bomba en medio de las intrigas domésticas, vino a darles un doloroso giro en el momento en que ellas, hirviendo en el más alto grado de ebullición, reclamaban forzosamente un desenlace cualquiera.

Aquella muerte no podía prolongar tan difícil y deplorable situación, poniendo en las manos de Leoncio toda la fortuna paterna y eliminando los últimos obstáculos que aún lo maniataban en la expansión de sus abominables intentos.

Leoncio y Malvina guardaron luto encerrados en la casa por algunos días, durante los cuales parece que hicieron una tregua en los enfados y despechos recíprocos. Henrique, que de todas formas quería marcharse al día siguiente, cediendo por fin a los ruegos e insistencias de Malvina, aceptó quedarse para hacerle compañía durante los días de duelo.

—Según la actitud que asuma mi marido —dijo ella a su hermano—, nos iremos juntos. Si en estos días no le da la libertad y un destino cualquiera a Isaura, no permaneceré ni un minuto más en su casa.

Leoncio, encerrado en su cuarto, no habló con nadie ni se dejó ver durante varios días, y parecía sumido en el más inconsolable y profundo pesar. Pero no era así. Es cierto que Leoncio no dejó de sufrir cierta conmoción, cierta sorpresa, aunque no un golpe doloroso, con la noticia del fallecimiento de su padre; pero en el fondo del alma —hay que decirlo—, pasado el primer momento de desasosiego y consternación, llegó al extremo de agradecer aquel suceso que de manera tan oportuna venía a sacarlo del aprieto en que se encontraba delante de Malvina y del señor Miguel. Por eso, durante su reclusión, en vez de entregarse al dolor que debería causarle tan sensible golpe, Leoncio que de ninguna manera podía resignarse a deshacerse de Isaura, no hacía más que pensar en los medios para salir de aquella difícil situación y urdía planes para asegurarse la posesión de la hermosa cautiva. Las dificultades eran grandes y constituían un nudo que podía ser cortado, pero nunca desatado. Leoncio había reconocido la promesa hecha por su padre al señor Miguel de liberar a Isaura mediante el pago de la enorme suma de diez contos de reis. Miguel había reunido esa cantidad y había ido a entregársela, reclamando la libertad de su hija. Leoncio también reconocía, y no podía negarlo, que su fallecida madre siempre había deseado dejar libre a Isaura después de su muerte. Por otro lado, Malvina, conocedora de su pasión y de sus siniestros instintos con relación a la cautiva, justamente irritada, exigía con firmeza la inmediata emancipación de ésta. El único medio que le quedaba al joven para salir con decencia de tantas dificultades era darle la libertad a Isaura. Pero Leoncio no podía resignarse a tal idea. El violento y ciego amor que Isaura le había inspirado lo incitaba a saltar por encima de todos los obstáculos, a desafiar todas las leyes del decoro y de la honestidad, a destrozar sin piedad el corazón de su tierna y cariñosa esposa, para obtener la satisfacción de sus frenéticos deseos. Decidió, pues, cortar el nudo, y valiéndose de su prepotencia y postergando indefinidamente el cumplimiento de su deber, se propuso enfrentar con cínica indiferencia y brutal soberbia las justas exigencias y reproches de Malvina.

Cuando ésta, después de dejar pasar algunos días en respeto al dolor que creía que abrumaba a su marido, le habló de ese desagradable asunto:

—Tenemos tiempo, Malvina —le respondió él con toda calma—. Necesito ante todo verificar las cuentas y hacer el inventario de la casa de mi padre. Tengo que ir a la corte a revisar sus papeles y enterarme del estado de sus negocios. A mi regreso, y con más tiempo, hablaremos de Isaura.

Al oír esta respuesta, el rostro de Malvina se cubrió de una palidez mortal; sintió enfriársele el corazón, apretado entre las manos heladas del más punzante sinsabor, como si allí se desmoronase de repente todo el soñado castillo de sus venturas conyugales. Ella esperaba que el esposo, fulminado por tan doloroso golpe en aquellos días de amarga meditación y abatimiento, encerrándose en el santuario de la conciencia, reconociese sus errores y desvaríos, implorase el perdón de ellos y se propusiese entrar en la senda del deber y de la honestidad. Las frías disculpas y las fútiles evasivas del marido vinieron a sumergirla de pronto en el más amargo y profundo desaliento.

–¡¿Cómo?! –exclamó ella con un tono que expresaba a la vez altiva indignación y el más hondo disgusto–. ¿Todavía titubeas en cumplir tan sagrado deber?… Si tuvieses alma, Leoncio, hubieras considerado a Isaura como tu hermana, pues bien sabes que tu madre la amaba e idolatraba como a una hija querida y que su deseo más ardiente era liberarla después de su muerte y dejarle un legado considerable, que asegurase su futuro. Sabes también que tu padre había prometido solemnemente al padre de Isaura que la liberaría por la suma de diez contos de reis y Miguel ya vino a pagarte esa exorbitante cantidad. Sabes todo eso, ¡y todavía andas con dudas y demoras!… ¡Oh!, ¡es demasiado!… No veo ningún motivo para que demores el cumplimiento de un deber del que desde hace mucho tiempo ya debías haberte ocupado.

–¿Pero por qué tanta prisa?… ¿Por qué, Malvina? –replicó Leoncio con la mayor suavidad y calma–. ¿De qué puede servir ahora la libertad de Isaura?, ¿acaso no está bien aquí?, ¿es maltratada?…, ¿sufre alguna privación?…, ¿no continúa siendo considerada más como una hija de la familia que como una esclava? ¿Quieres que desde ahora la soltemos sin rumbo por esos mundos?… Así no estaríamos cumpliendo el deseo de mi madre, que tanto se preocupaba por la suerte futura de Isaura. No, mi Malvina; no debemos por ahora entregar a Isaura a sí misma. Primero es preciso asegurarle una posición decente, honrosa y digna de su belleza y educación, buscándole un buen marido, y eso no se encuentra así de un día para otro.

–¡Qué miserable disculpa, amigo mío!… Isaura por ahora no necesita de un marido que la proteja; tiene al padre, que es un hombre de bien y que acaba de dar pruebas de lo mucho que adora a su hija. Entreguémosla al señor Miguel, que quedará en muy buenas manos y debajo de una magnífica sombra.

–¡Pobre señor Miguel! –replicó Leoncio con sonrisa desdeñosa. Tendrá buenos deseos, no lo dudo; ¿pero dónde están los medios de que dispone para hacer la felicidad de Isaura, principalmente ahora, cuando debe de haber empeñado hasta los pelos de la cabeza para emancipar a su hija, si es que ese dinero no provino de las limosnas que le dieron, como me parece más seguro?

Como única respuesta, Malvina movió tristemente la cabeza y suspiró. Queriendo creer aún en la sinceridad de las palabras de su esposo, se fingió complacida y se marchó sin dar muestras de irritación. Sin embargo, no podía prolongar por más tiempo aquella situación tan humillante para ella, tan llena de ansiedad y de disgusto, y al día siguiente insistió, todavía con más fuerza, en el mismo asunto. Tuvo como respuesta las mismas evasivas y prórrogas. Leoncio aparentaba incluso tratar ese tema con cierta indiferencia desdeñosa, como quien está definitivamente decidido a hacer lo que quiere. Esta vez Malvina no pudo contenerse y rompió con su marido. Este, como ya lo había planeado fríamente, recibió los rayos de la cólera femenina con el escudo de una desfachatez cínica y divertida, lo que llevó la cólera y el despecho de Malvina al último grado de exacerbación.

Al otro día, Malvina, sin dar explicaciones a nadie, abandonaba precipitadamente la casa de Leoncio y partía en compañía de su hermano Henrique hacia Río de Janeiro, jurando, en el clímax de la indignación, no volver a poner los pies en esa casa donde era tan vilmente ultrajada, y borrar para siempre de su recuerdo la imagen de su desleal y corrompido marido. En su ataque de despecho no calculaba si tendría fuerzas suficientes para llevar a efecto aquellos frenéticos juramentos, inspirados por la fiebre de los celos y de la exasperación; ignoraba que en almas tiernas como la suya el odio se desvanece mucho más de prisa que el amor; y el amor que Malvina sentía por Leoncio, a despecho de sus desmanes y bajezas, era mucho más fuerte que su resentimiento, por muy justo que éste fuese.

Leoncio, por su parte, llevando adelante su plan de oponer a las explosiones de su esposa la más inerte y cínica indiferencia, contempló con los brazos cruzados y sin hacer la más mínima observación los preparativos de aquel rápido viaje, y recostado al pórtico, fumando con indolencia su tabaco, presenció la partida de su mujer como si ella fuera la más indiferente de los huéspedes.

Pero esa indiferencia de Leoncio no tenía nada de natural y sincera; no era que él sintiese algún pesar por la brusca partida de su mujer; por el contrario, era júbilo lo que sentía con la realización de aquella caprichosa decisión de Malvina, que así le dejaba el campo totalmente libre de obstáculos para proseguir en sus nefastos proyectos sobre la infeliz Isaura. Con aquel fingido poco caso, lograba disfrazar el placer y la satisfacción que desbordaba su corazón, y como era un aforismo aceptado y siempre puesto en práctica por él, aunque en circunstancias menos graves (que contra la cólera y los caprichos femeninos no hay arma más poderosa que mucha sangre fría y poco caso), Malvina no pudo descubrir en el fondo de aquella afectada indiferencia el júbilo intenso que inundaba el alma de su esposo.

¿Y qué fue, por cierto, de la noble e infeliz cautiva durante esos largos días de luto, de consternación, de ansiedades y sinsabores?

Desde que escuchó la lectura de la carta que comunicaba la noticia de la muerte del gobernador, Isaura perdió todas las dulces esperanzas que un momento antes Miguel había hecho surgir en su corazón. Llena de espanto, comprendió que un destino implacable la entregaba como víctima indefensa en las manos de su tenaz y desalmado perseguidor. Conocedora de la triste suerte de su madre, no encontraba en su conmocionada imaginación otro remedio a tan cruel situación que resignarse y prepararse para el más atroz de los martirios. Un cruel desaliento, un pavor mortal se apoderó de su espíritu, y la infeliz, pálida, destruida, como alucinada, vagaba sin rumbo por los campos o se escondía en los más espesos matorrales del pomar o en los sombríos rincones de los cuartos, y pasaba horas entre sustos y angustias, como la tímida liebre que ve volar en el cielo el ala siniestra del gavilán de garras sangrientas. ¿Quién podría ampararla? ¿Dónde podría encontrar protección contra los tiránicos designios de su libertino y execrable señor? Solamente dos personas podrían sentir por ella compasión e interés; su padre y Malvina. Su padre, oscuro y pobre administrador, al no tener entrada en casa de Leoncio y pudiendo sólo comunicarse con ella trabajosa y furtivamente, de poco o nada podía valerle. Malvina, que siempre la había tratado con tanta bondad y cariño, ¡ay!, la propia Malvina, después de la escandalosa escena en que sorprendiera a su marido dirigiendo a Isaura palabras enternecidas, comenzó a mirarla con cierta desconfianza y alejamiento, terrible efecto de los celos, que torna injustas y rencorosas a las almas más cándidas y bondadosas. La señora, con el paso de los días se volvía cada vez menos tratable y condescendiente con la esclava a la que antes había tratado con cariño e intimidad casi fraternal.

Malvina era buena y confiada, y nunca hubiese dudado de la inocencia de Isaura si no hubiera intervenido Rosa, su terrible rival y encarnizada enemiga. Después del desagradable incidente del que Isaura fuera causa inocente, Rosa pasó a ser la mucama o ayuda de cámara de Malvina, y ésta a veces desahogaba en presencia de la malvada mulata los celos y disgustos que le emanaban del corazón.

–Usted, señora, confía mucho en esta hipócrita… –le decía la maliciosa muchacha–. Pues tenga la seguridad de que esos amoríos no son de ahora; hace mucho tiempo que estoy viendo a esa impostora, que delante de usted se hace la tontuela, derritiéndose en presencia del señor joven. Ella es la que tiene la culpa de que él haya perdido la cabeza.

Estos y otros enredos parecidos, que Rosa sabía insinuar hábilmente en los oídos de su señora, eran suficiente para engañar el espíritu de una joven cándida y sin experiencia como Malvina, y fueron produciendo el resultado que deseaba la perversa mulatica.

Afligida con aquel nuevo infortunio, Isaura hizo algunas tentativas por acercarse a su señora y conocer el motivo por el cual le había retirado el afecto y la confianza que siempre le mostrara y poder probarle su inocencia. Mas era recibida con tal frialdad y altivez que la infeliz retrocedía despavorida para irse a sumir de nuevo en el abismo de sus angustias y desalientos.

No obstante, mientras Malvina permaneciera en la casa, era siempre una salvaguardia, una sombra protectora que amparaba a

Isaura contra las impertinencias y los brutales intentos de Leoncio. Por escaso que fuese el respeto que le tenía el marido, ella no dejaba de ser un poderoso estorbo al menos contra los actos de violencia que él quisiera poner en práctica para conseguir sus execrables fines. Isaura comprendía todo eso y es difícil imaginar el estado de terror y desamparo que sintió esa pobre alma cuando vio marcharse a su señora, dejándola totalmente abandonada, entregada sin defensa a los dementes y bárbaros caprichos de aquel que era al mismo tiempo su señor, amante y verdugo.

De hecho, en cuanto Leoncio vio desaparecer a su esposa por detrás de la última colina, no pudiendo contener más la expansión de su satánico júbilo, trató enseguida de aprovechar el tiempo y se lanzó a recorrer toda la casa en busca de Isaura. Finalmente logró encontrarla en el oscuro rincón de una alcoba, tirada en el piso, casi exánime, bañada en lágrimas y sollozando convulsivamente.

Evitaremos presentar al lector la vergonzosa escena que allí se produjo. Bástenos decir que Leoncio agotó todos los medios suaves y persuasivos a su alcance para convencer a la muchacha de que debía rendirse a sus deseos. Hizo las más espléndidas promesas y los más solemnes juramentos; se rebajó hasta las más humildes súplicas y se arrastró miserablemente a los pies de la esclava, de cuya boca no oía sino palabras amargas y terribles reprobaciones; y viendo por fin que todos esos medios eran infructuosos, retiróse lleno de cólera, vomitando las más tremendas amenazas.

Para iniciar la ejecución de esas amenazas, ese mismo día la envió a trabajar entre las hilanderas, donde la dejamos en el capítulo anterior. De allí podría ser llevada al campo, del campo al tronco, del tronco a la picota y de ahí seguramente a la tumba, si persistía en su resistencia a las órdenes de su señor.

Capítulo IX

Leoncio, impaciente y con el corazón ardiendo en las llamas de una pasión febril y delirante, no podía resignarse a aplazar por más tiempo la satisfacción de sus libidinosos deseos. Vagando de aquí para allá por toda la casa como quien daba órdenes para organizar el servicio doméstico, que en lo sucesivo correría por su cuenta, no hacía más que vigilar todos los movimientos de Isaura, buscando la ocasión de verla a solas para insistir de nuevo y con más fuerza en sus abominables pretensiones. Desde una ventana vio que las esclavas hilanderas atravesaban el patio para ir a comer y notó la ausencia de Isaura.

–¡Magnífico!..., todo marcha a las mil maravillas –murmuró Leoncio con satisfacción, mientras pensaba que mandaría al administrador a que llevase a las demás esclavas para el cafetal, a fin de quedarse casi a solas con Isaura en medio de aquellos enormes y desiertos edificios.

Podrían decirme que, siendo Isaura una esclava, Leoncio no precisaba de tales subterfugios para verse a solas con ella, pues nada más tenía que hacerla conducir ante él para bien o para mal. Es cierto que podía proceder así, pero no sé qué encanto tiene, incluso en una esclava, la belleza unida a la nobleza del alma, y la superioridad de la inteligencia, que impone respeto incluso a los seres más perversos y corrompidos. Por eso Leoncio, a pesar de todo su cinismo y obcecación, no podía eximirse de rendir en el fondo del alma cierto homenaje a la belleza y virtudes de aquella esclava excepcional y tratarla con más delicadeza que a las otras.

—Isaura —dijo Leoncio continuando el diálogo que dejamos apenas iniciado—, debes saber que ahora tu suerte está enteramente en mis manos.

—Siempre lo estuvo, señor —respondió ella con humildad.

—Ahora más que nunca. Mi padre ha fallecido y tú no ignoras que yo soy su único heredero. Malvina, por motivos que sin duda habrás adivinado, acaba de abandonarme y se ha marchado a casa de su padre. Soy yo, pues, el que únicamente gobierna esta casa y dispongo de tu destino. Pero también, Isaura, de tu voluntad depende únicamente tu felicidad o tu perdición.

—¡De mi voluntad!... ¡Oh!, no, señor, mi suerte depende únicamente de la voluntad de mi señor.

—Y yo deseo —replicó Leoncio con la más tierna inflexión de voz— con todas las fuerzas de mi alma, hacerte la más feliz de las criaturas, pero ¿cómo lograrlo si me niegas obstinadamente la felicidad que tú, sólo tú podrías darme?...

—¡¿Yo, señor?! ¡Oh!, por favor, deje a esta humilde esclava en el lugar que le corresponde; piense en la señora Malvina, que es tan hermosa, tan buena, y que tan bien le quiere. En nombre de ella le pido, señor, que deje de bajar sus ojos hacia una pobre cautiva que está dispuesta a obedecerlo en todo, menos en eso que el señor exige...

—Escucha, Isaura, eres una chiquilla y no sabes darle a las cosas su debido peso. Un día, y tal vez ya demasiado tarde, te arrepentirás de haber rechazado mi amor.

—¡Nunca! —exclamó Isaura—. Yo cometería una traición infame con mi señora si diese oídos a las palabras amorosas de mi señor.

—¡Escrúpulos de chiquilla!... Óyeme, Isaura. Mi madre, viendo tu linda figura y la viveza de tu espíritu, tal vez por no tener ninguna hija, se develó por darte una educación como la que hubiese dado a una hija querida. Ella te quería mucho y si no te dio la libertad fue por temor de perderte, fue para conservarte siempre a su lado. Si ella actuó así por amor, ¡cómo podría yo dejarte ir, yo que te amo con otro tipo de amor, mucho más ardiente y exaltado, un amor sin límites, un amor que me llevará a la locura o al suicidio, si no...! ¡Pero qué estoy diciendo!... Mi padre —Dios lo perdone—, llevado por una sórdida avaricia, quería vender tu libertad por un puñado de oro, como si hubiese oro en el mundo que valiese los inestimables encantos con que el cielo te dotara. ¡Profanación!... Yo rechazaría, como quien rechaza un insulto, a todo aquel que se atreviera a ofrecerme dinero por tu libertad. Eres libre, porque Dios no podía formar un ser tan perfecto para sumirlo en la esclavitud. Eres libre, porque así lo quería mi madre y así lo quiero yo. Pero, Isaura, mi amor por ti es inmenso; y yo no puedo, no debo abandonarte al mundo. Me moriría de dolor si me viese forzado a dejar escapar esa joya inapreciable que el cielo parece haberme destinado y que yo hace tanto tiempo acaricio con los más ardientes anhelos de mi alma…

—Perdón, señor, y no logro comprenderlo. ¡Usted me dice que soy libre y no me permite que vaya para donde yo desee y ni siquiera que disponga libremente de mi corazón!

—Isaura, si tú quieres, no sólo serás libre, sino también la señora y la diosa de esta casa. Tus órdenes, cualesquiera que sean, tus menores caprichos serán puntualmente cumplidos; y yo, que sería el más tierno y leal de los amantes, te rodearé de todos los cuidados y cariños, de toda la adoración que sabe inspirar el más ardiente e inextinguible amor. ¡Malvina me abandona!… ¡Tanto mejor! ¡¿En qué dependo yo de ella y de su amor, si te poseo?! ¡Que se rompan de una vez para siempre esos lazos urdidos por el interés!, que se olvide para siempre de mí, que yo, en los brazos de mi Isaura encontraré demasiada dicha para poder acordarme de ella.

—Lo que usted acaba de decir me horroriza. ¿Cómo se puede olvidar y hundir en el desprecio a una mujer tan amante y cariñosa, tan llena de encantos y virtudes como la señora Malvina? Señor, perdóneme si le hablo con franqueza…: ¡abandonar a una mujer bonita, fiel y virtuosa, por el amor de una pobre esclava, sería la más fea de las ingratitudes!

Ante tan severa y demoledora censura, Leoncio sintió rebelarse su orgullo:

—¡Cállate, esclava insolente! —gritó lleno de cólera—. Que yo soporte sin irritarme tus desdenes y rechazos, bien está: ¡pero reproches!... ¿Con quién piensas tú que hablas?...

—¡Perdón, señor!... —exclamó Isaura aterrada y arrepentida de las palabras que se le habían escapado.

—Si al menos te mostrases más blanda conmigo..., pero no, es mucho rebajarme delante de una esclava; ¿qué necesidad tengo yo de pedir aquello que por derecho me pertenece? Recuerda, esclava ingrata y rebelde, que en cuerpo y alma me perteneces, a mí solo y a nadie más. Eres propiedad mía, como un jarrón que tengo entre mis manos y que puedo usar o despedazar a mi antojo.

—Puede despedazarlo, señor, bien lo sé; pero, por piedad, no quiera usar de él para fines impuros y vergonzosos. La esclava también tiene corazón, y no es dado al señor querer gobernar sus sentimientos.

—¡Sentimientos!... ¡¿Quién habla aquí de sentimientos?! ¿Acaso puedes disponer de ellos?

—No, por cierto señor...; pero el corazón es libre, nadie puede esclavizarlo, ni siquiera el propio dueño.

—Todo tu ser es esclavo; tu corazón obedecerá, y si no cedes de buen grado, tengo a mi favor el derecho a la fuerza... mas ¿para qué?, para poseerte no vale la pena emplear esos medios extremos. Los instintos de tu corazón son rastreros y abyectos como tu condición, y para complacerte te haré la mujer del más vil, del más hediondo de mis negros.

–¡Ah, señor!, bien sé de cuánto es capaz. Fue así como su padre hizo morir de pena y maltratos a mi pobre madre; ya veo que me espera la misma suerte. Pero puede tener la seguridad de que no me faltarán ni los medios ni el valor para librarme del señor y del mundo.

–¡Oh! –exclamó Leoncio con una sonrisa satánica–, ¡ya llegaste al paroxismo de la exaltación y el romanticismo!... Esto en una esclava no deja de ser curioso. ¡He ahí el provecho que se saca de educar a tales criaturas! Bien se conoce que eres una esclava que vive tocando el piano y leyendo novelas. Menos mal que me previniste; yo sabré enfriar la calentura de ese cerebro afiebrado. Esclava rebelde e insensata, no tendrás manos ni pies para poner en práctica tus siniestras intenciones. ¡André! –gritó él y sopló con fuerza el silbato en el extremo de su látigo.

–¡Señor! –respondió de lejos el criado, y un instante después estaba en presencia de Leoncio.

–André –le dijo éste con voz seca y breve–, tráeme aquí un tronco de pies y cadenas con candado.

"¡Virgen santa! –murmuró André para sí lleno de horror–, ¿Para qué será todo eso? ¡Ah!, ¡pobre Isaura!..."

–¡Oh, señor, por piedad! –exclamó Isaura, cayendo de rodillas a los pies de Leoncio y levantando las manos al cielo con angustia–; por las cenizas aún calientes de su padre, fallecido hace pocos días, por el alma de su madre, que tanto lo quería, no martirice a su infeliz esclava. Agóbieme de trabajo, condéneme al servicio más burdo y pesado, que yo todo lo haré sin una queja, mas lo que el señor exige de mí, no puedo, no debo hacerlo aunque tenga que morir.

–A mí me cuesta trabajo tratarte así, pero tú me obligas a este exceso. Como ves, a mí no me conviene de ninguna forma perder a una esclava como tú. Quizás un día me agradezcas el haberte impedido matarte.

–¡Será lo mismo! –gritó Isaura levantándose altiva y con la voz ronca y temblorosa de desesperación–, no me mataré con mis propias manos, pero moriré a manos de un verdugo.

En ese momento llegó André con el tronco y las cadenas, que depositó sobre un banco, y se retiró inmediatamente.

Al ver aquellos bárbaros y humillantes implementos de suplicio, a Isaura se le nublaron los ojos, el corazón se le heló de espanto, las piernas se le doblaron, cayó de rodillas y apoyándose sobre el taburete en que hilaba, dejó escapar un torrente de lágrimas.

–¡Alma de mi señora vieja! –exclamó con voz entrecortada de sollozos–; ¡ayúdame en estos apuros; ayúdame desde el cielo, donde estás, como me ayudaste aquí en la Tierra!

–Isaura –dijo Leoncio con voz áspera señalando los implementos de suplicio–, he ahí lo que te espera si persistes en tu loco emperramiento. No tengo nada más que decirte, te dejo libre ahora y el resto del día para que reflexiones. Tienes que escoger entre mi amor y mi odio. Los dos, como tú sabes, son violentos y poderosos. ¡Adiós!...

Cuando Isaura sintió que el señor se había marchado, irguió el rostro y elevando al cielo los ojos y las manos unidas, dirigió a la Reina de los ángeles la fervorosa plegaria siguiente, pronunciada entre sollozos que provenían de lo más íntimo de su alma:

—¡Virgen Señora de la Piedad, Santísima Madre de Dios!...
Tú sabes si yo soy inocente y si merezco tan cruel tratamiento.
Socórreme en este trance difícil, porque en este mundo nadie
puede ayudarme. Líbrame de las garras de un verdugo que no
sólo amenaza mi vida sino también mi inocencia y honestidad.
Ilumínale el espíritu y vierte en su corazón bondad y misericordia
para que se compadezca de su infeliz cautiva. Es una humilde
esclava la que con lágrimas en los ojos y dolor en el corazón te
ruega por tus dolores sacrosantos, y por las llagas de tu Divino
Hijo: ¡ayúdame por piedad!

¡Qué hermosa se veía Isaura en aquella suplicante y angustiada
actitud! ¡Oh, mucho más bella que en sus momentos de serenidad
y placer!... Si Leoncio la hubiese visto, tal vez hubiera sentido
ablandarse su férreo y obcecado corazón. Con los ojos arrasados
en lágrimas que le corrían por las mejillas descoloridas, entreabierta
la boca melancólica, que le temblaba con la plegaria murmurada
entre sollozos, cayéndole en desorden por los hombros los negros
y abundantes cabellos, volviendo al cielo el busto armonioso
colocado sobre un cuello escultural, hubiera ofrecido al artista
más inspirado el más bello y sublime modelo para la efigie de la
Madre Dolorosa, a quien en esos momentos dirigía sus ardientes
súplicas. Los ángeles del cielo, que, por cierto, en aquel instante
revoloteaban en torno a aquella agitando sus alas de oro y carmín,
no podían dejar de llevar tan ferviente y dolorosa plegaria a los
pies del trono de la Consoladora de los afligidos.

Absorta en sus penas, Isaura no vio a su padre, que, entrando
en el salón con pasos sutiles y cautelosos, caminaba hacia ella.

—¡Oh! ¡Al fin la encuentro! —murmuró el viejo—, el verdugo también anduvo por aquí... ¡Oh!, ¡pobre Isaura!... ¿qué será de ti?

—¡Oh, padre mío!... —exclamó la infeliz al ver a Miguel—. Venga, venga a ver en qué estado han puesto a su hija.

—¿Qué tienes, hija?... ¿Qué nueva desgracia te sucede?

—¿No lo ve, padre?..., ésta es la suerte que me espera —respondió ella señalando el tronco y las cadenas que estaban a su lado.

—¡Qué monstruo, Dios mío!..., pero ya yo esperaba todo esto...

—Esta es la libertad que él pretende dar a aquella que la madre crió con tanto amor y cariño. El más cruel y humillante cautiverio, un martirio constante del alma y del cuerpo, he aquí el destino de su desventurada hija... Padre, ¡no puedo resistir tanto sufrimiento!..., me quedaba un recurso extremo, pero hasta ése me lo van a negar. ¡Presa, encadenada, atada de pies y manos! ¡Oh!..., ¡padre, padre mío!... ¡Esto es horrible!... Deme su cuchillo —añadió después de una breve pausa con voz ronca y la mirada sombría—, necesito su cuchillo.

—¿Qué pretendes hacer con él, Isaura?, ¿qué loco pensamiento se te ha ocurrido?...

—Deme ese cuchillo, padre; yo no usaré de él sino en caso extremo; cuando el infame venga a colocarme esos hierros, haré saltar mi sangre al rostro vil del verdugo.

—No, hija mía, tales extremos no serán necesarios. Mi corazón presentía todo esto y ya lo tengo todo preparado. El dinero que no sirvió para obtener tu libertad va a servirnos ahora para arrancarte de las garras de ese monstruo. Ya todo está listo, Isaura. Huyamos.

—Si, padre; huyamos, ¿pero cómo?; ¿para dónde?

—Lejos de aquí, a cualquier parte; ¡pero ya, hija, ahora, cuando nadie sospecha nada y no estás aún cargada de hierros!

—¡Oh, padre, tengo miedo!… ¡Si nos descubren, cuál será mi suerte!…

—La empresa es arriesgada, no puedo negártelo, pero ten ánimo, Isaura, es nuestra única tabla de salvación; sujetémonos a ella con fe y encomendémonos a la Divina Providencia. Los esclavos están en el campo; el administrador llevó a tus compañeras para el cafetal; tu señor salió a caballo con André; quizás en toda la casa no quede más que alguna negra por los rincones de la cocina. Aprovechemos la ocasión, que hasta parece venir de las manos de Dios ahora cuando acabo de llegar. Ya todo está previsto. Allá en el fondo, a la orilla del río, hay una canoa amarrada, es todo lo que necesitamos. Tú saldrás primero y atravesarás los matorrales; yo lo haré unos instantes después y allí nos encontraremos. En menos de una hora estaremos en Campos, donde nos espera un barco capitaneado por un amigo mío y que tiene que seguir viaje hacia el Norte esta madrugada. Cuando amanezca estaremos lejos del verdugo que te persigue. Vámonos, Isaura, tal vez por ese mundo encontraremos algún alma piadosa que te sepa proteger mejor que yo.

—Vamos, padre, ¿qué puedo recelar yo?…, ¿puedo acaso ser más desgraciada de lo que ya soy?

Isaura, oculta en la sombra del muro que rodeaba el patio, abrió el portón que daba a los matorrales y desapareció. Momentos después, Miguel, rodeando por fuera los edificios, bordeaba los matorrales y se reunía con ella a la orilla del río.

La canoa, bogando suavemente junto a la orilla, impulsada por el brazo fuerte de Miguel, en pocos minutos perdió de vista a la hacienda.

Capítulo X

Ya han pasado más de dos meses desde la fuga de Isaura y ahora, lectores, mientras Leoncio hace gestiones extraordinarias y emplea recursos extremos y, desatando los cordones de la bolsa, pone en movimiento a la policía y a una multitud de agentes particulares para apoderarse de nuevo de la presa que tan furtivamente se le había escapado, encaminemos nuestras velas hacia las provincias del Norte, donde tal vez primero que él encontremos a nuestra fugitiva heroína.

Estamos en Recife. Es de noche y la hermosa Venecia de la América del Sur, coronada por una diadema de luces, parece surgir de los brazos del océano, que la estrecha en un cariñoso abrazo y la besa con amor. Es una noche de fiesta: en una de las calles principales se observa un edificio espléndidamente iluminado al cual acude un gran número de caballeros y damas de las más distinguidas y opulentas clases. Es un lindo edificio en el cual una sociedad escogida acostumbra dar brillantes y concurridas veladas. Algunos estudiantes, entre los más ricos y elegantes, también acostumbran bajar de la vieja Olinda en determinadas noches para ir allí a revolotear entre esplendores y melodías, entre las sedas y los perfumes del salón del baile y, ante las suaves miradas y las angelicales sonrisas de las bellas y vivarachas pernambucanas, olvidar por algunas horas los duros bancos de la Academia y a los decrépitos conferencistas.

Supongamos que también somos adeptos de ese templo de Terpsícore, pasemos a su interior y observemos lo que hay en él de curioso e interesante. En la primera sala encontramos a un grupo de elegantes jóvenes, que conversan con cierta animación. Escuchémoslos.

—Es una nueva estrella que viene a brillar en los salones de Recife —decía Álvaro— y a dar lustre a nuestras veladas. No hace más de tres meses que llegó a esta ciudad y hará poco más de uno que la conozco. Pero, créame, doctor Geraldo, ella es la criatura más noble y encantadora que he conocido. No es una mujer, ¡es un hada, es un ángel, es una diosa!...

—¡Caramba! —exclamó el doctor Geraldo—. ¡Hada!, ¡ángel!, ¡diosa!... Son sin embargo tres entidades distintas, aunque a fin de cuentas verás que no pasa de ser una mujer verdadera. Pero dime, Álvaro, ese ángel, hada, diosa, mujer o lo que sea, no te dijo de dónde vino, de qué familia, si tiene fortuna, etcétera.

—Poco me importan esas cosas, y podría responderte que vino del cielo, que es de la familia de los ángeles y que tiene una fortuna superior a todas las riquezas del mundo: un alma pura, noble e inteligente y una belleza incomparable. Pero puedo decirte lo que sé positivamente sobre ella: que vino de Río Grande do Sul en compañía de su padre, de quien es ella su única familia; que sus medios son bastante escasos, pero que en compensación ella es linda como los ángeles y tiene el nombre de Elvira.

—¡Elvira! —observó el tercer caballero—. ¡Bonito nombre!..., pero ¿no podrías decirnos, Álvaro, dónde vive tu hada?...

—Eso no es ningún misterio, habita con su padre en una pequeña casita en el barrio de San Antonio, donde viven modestamente, evitando relaciones y apareciendo muy raras veces en público. Allí, escondida entre cocoteros y arbustos, vive ella como la violeta en el follaje, y como hada misteriosa en una gruta encantada.

—¡Qué raro! —replicó el doctor—, ¿pero cómo llegaste a descubrir a esa ninfa encantada y a poder entrar en su gruta misteriosa?

—Se los contaré en dos palabras. Un día yo pasaba a caballo por su granja cuando la vi sentada en un banco del jardincito del frente. Su maravillosa belleza me sorprendió. Como vio que la contemplaba con demasiada curiosidad, se movió rápido como una mariposa entre los arbustos floridos y desapareció. Me hice el firme propósito de verla y de hablarle, costase lo que costase. No obstante, por mucho que pregunté en todo el vecindario, no encontré a una sola persona que se relacionara con ella y pudiera presentármela. Averigüé por fin quién era el propietario de la granja y fui a verlo. Ni siquiera él podía darme informaciones ni servirme de mucho. Su inquilino acudía todos los meses puntualmente a pagar el alquiler de la granja; eso era todo lo que sabía sobre él. Yo seguí pasando todas las tardes frente al jardín, pero a pie, para poder sorprenderla y admirarla mejor, aunque casi siempre sin resultado. Cuando ella se encontraba en el jardín, se escondía de mí como hizo la primera vez. Pero un día, cuando yo pasaba, se le cayó el pañuelo al levantarse del banco, la reja estaba abierta, me tomé la libertad de entrar en el jardín, recogí el pañuelo y corrí a entregárselo cuando ella ya estaba pisando el umbral de la puerta de la casa. Me dio las gracias con una sonrisa tan encantadora que estuve a punto de caer de rodillas a sus pies, pero no me mandó entrar ni me dijo palabra alguna.

—Ese pañuelo, Álvaro —señaló un caballero—, con toda seguridad fue dejado caer a propósito, para que pudieses verla de cerca y hablarle. En un toque de romanticismo, un delicado rasgo de *coquetterie*.

—No lo creo, no hay en ese ser ni sombra de *coquetterie*: todo en ella respira candor y sencillez. Lo cierto es que me costó trabajo alejarme de aquel sitio, donde una fuerza magnética me retenía y parecía exhalar un misterioso efluvio de amor, de pureza y de aventura…

Álvaro interrumpió su narración, como embebido en tan gratos recuerdos.

—¡No te detengas, Álvaro! —dijo otro caballero—, tu novela nos está interesando; continuemos, que estoy loco por conocer el desenlace…

—¿El desenlace?… ¡Oh!, todavía no ha ocurrido y ni yo mismo sé cuál será. En fin, agoté todas las estratagemas posibles para entrar en el santuario de aquella diosa, pero todo fue baldío. Finalmente la casualidad acudió en mi ayuda y me sirvió mejor que toda mi habilidad e inventiva. Paseando yo una tarde en carruaje por el barrio de San Antonio, por las márgenes del Beberibe, paseo que se había convertido para mí en algo sagrado, vi a un hombre y a una mujer que navegaban a toda vela en un pequeño bote. Instantes después el bote encalló en un banco de arena. Me bajé inmediatamente y cogiendo una chalupa en la playa, fui en socorro de los dos navegantes que en vano forcejeaban para liberar la embarcación. No pueden imaginarse la deliciosa sorpresa que sentí al reconocer en las dos personas del bote a mi misteriosa mujer de la granja y a su padre.

—Ya me esperaba eso, aunque el incidente no deja de ser dramático..., la historia de sus amores con esa hada misteriosa va tomando visos de un poema fantástico.

—Pero es la pura realidad. Como estaban mojados y sucios, los invité a subir en mi carruaje. Aceptaron después de mucha reticencia y nos dirigimos a casa de ellos. No es necesario que les cuente el resto a partir de entonces, sólo quiero decirles que con cierta timidez me fue franqueado el umbral de la gruta misteriosa.

—Y por lo que veo —interrogó el doctor—, ¿amas mucho a esa mujer?

—¡Que si la amo!, la adoro cada vez más y lo mejor de todo es que tengo motivos para creer que ella..., al menos, no me mira con indiferencia.

—Dios quiera que no andes embrujado por alguna Circe de burdel, por algunas de esas aventureras que abundan por el mundo, y que, sabiendo que eres rico, le pone trampas a tu dinero. Ese alejamiento de la sociedad, ese misterio con que tan cuidadosamente rodean su vida, no dicen mucho a favor de ellos.

—¿Quién sabe si son criminales que tratan de ocultarse de la policía? —observó un caballero.

—O fabricantes de moneda falsa —añadió otro.

—Me da mala espina —prosiguió el doctor— cada vez que veo a una mujer bonita viajando por regiones extrañas en compañía de un hombre que, por lo general, se dice padre o hermano de ella. El padre de tu hada, Álvaro, si es en realidad el padre, puede ser algún gitano o algún industrial que especula con la hermosura de su hija.

—¡Santo Dios!…, ¡misericordia! —exclamó Álvaro—. Si yo me hubiera imaginado que vería a esa criatura angelical apreciada con tanta atrocidad o tan impíamente profanada, hubiera preferido quedarme mudo antes de mencionarla. Créanme que son ustedes demasiado injustos con esa pobre muchacha, amigos. Yo pensaría que se trata más bien de una princesa destronada si no supiera que es un ángel caído del cielo. Pero ustedes la verán dentro de poco, y ella y yo estaremos vengados, pues estoy seguro de que todos, a una voz, la proclamarán una divinidad. Lo peor es que desde ahora sé que tendré un rival en cada uno de ustedes.

—Por mi parte —expresó uno de los caballeros—, puedes estar tranquilo, ya que siempre tuve horror a las mujeres misteriosas.

—Y yo, que no soy más que un simple mortal, temo a las hadas —agregó otro.

–¿Y cómo es posible –preguntó el doctor Geraldo– que viviendo ella tan apartada de la sociedad, se decida a dejar su misteriosa soledad para venir a este baile tan público y concurrido?…

–¡No sabes cuánto trabajo me costó eso, amigo mío! –respondió Álvaro–. Vino casi a la fuerza. Hace mucho que trato de convencerla por todos los medios de que una señora joven y hermosa como ella, al esconder sus encantos en la soledad, comete un crimen contrario a las intenciones del Creador, que formó la belleza para ser vista, admirada y adorada; pues yo no soy como esos amantes celosos y coléricos que quisieran esconder a sus amadas en el fondo de la tierra. Argumentos, insistencias, súplicas, todo era inútil, padre e hija se negaban constantemente a aparecer en público, alegando mil pretextos diferentes. Pero utilicé un ardid: les hice creer que ese modo de vivir retraídos y sin contacto con la sociedad en un lugar donde nadie los conocía, ya comenzaba a dar de qué hablar a la gente y a despertar sospechas sobre ellos, y que hasta la policía había empezado a mirarlos con desconfianza… O sea, mentiras que no dejaban de ser plausibles.

–¡Y de qué forma! –interrumpió el doctor–. ¡Tanto, que tal vez no esté muy lejos de la verdad!

–Les hice ver –prosiguió Álvaro– que por muy infundadas y fútiles que fuesen tales sospechas, era preciso eliminarlas y para ello tenían necesariamente que frecuentar la sociedad. Este embuste produjo el efecto deseado.

–Peor para ellos –replicó el doctor–, ése es un indicio muy malo y que confirma más mi desconfianza. Si fuesen inocentes, les importarían poco las sospechas de la gente y de la policía y continuarían viviendo como antes.

—Tus sospechas no tienen el menor fundamento, doctor mío. Ellos tienen pocos recursos y por eso evitan la sociedad, que realmente impone duros sacrificios a las personas desfavorecidas por la fortuna, y ellos... ¡Pero ahí están!... Miren y convénzanse con sus propios ojos.

Entraba en ese momento en la antesala una joven y hermosa dama del brazo de un hombre de edad madura y de respetable presencia.

—¡Buenas noches, señor Anselmo!... ¡Buenas noches, doña Elvira!... ¡Al fin están aquí! —les dijo Álvaro, separándose de sus amigos y apresurándose por saludar a los recién llegados con toda amabilidad y cortesía. Después, ofreciendo un brazo a Elvira y otro al señor Anselmo, los condujo hacia los salones interiores, donde ya se arremolinaba la más numerosa y brillante sociedad. Los tres interlocutores de Álvaro, al igual que muchas otras personas que allí se encontraban, se pusieron en fila para ver pasar a Elvira, cuya presencia causaba sensación y comentarios, incluso entre los que habían sido prevenidos.

—¡Qué porte de reina!...

—¡Qué ojos de andaluza!...

—¡Qué magnífica cabellera!

—¡Y el cuello!... ¡qué cuello!..., ¿no te fijaste?

–¡Y con qué elegante sencillez se viste! –así murmuraban entre sí los tres caballeros, como impresionados por una aparición celestial.

–¿Y no observaron –añadió el doctor Geraldo– ese lunarcito encantador que tiene en la mejilla?… Álvaro está en lo cierto, su hada va a eclipsar a todas las bellezas del salón. Y tiene además la ventaja de la novedad y del misterio que la rodea. Estoy ardiendo de impaciencia por conocerla, deseo admirarla con más detenimiento.

Y continuaron conversando en este tono hasta que, pasados algunos minutos, Álvaro, habiendo cumplido la grata tarea de presentador de aquella nueva perla de los salones, se acercó de nuevo a ellos.

–Amigos míos –les dijo con aire triunfante–, los invito a pasar al salón. Quiero presentarles a doña Elvira, para desvanecer de una vez y para siempre las injustas e injuriosas aprensiones que ustedes alimentaban hace poco con respecto al ser más bello y puro que existe bajo el sol, aunque estoy seguro de que sólo con verla el asombro les ha penetrado hasta la médula de los huesos.

Los cuatro caballeros se retiraron y desaparecieron en medio del torbellino de las salas interiores. No obstante, fueron inmediatamente sustituidos por un grupo de lindas y elegantes mozas que, resplandecientes de sedas y pedrerías como una bandada de aves del paraíso, paseaban conversando. El tema de la conversación era también doña Elvira, pero el tono era totalmente distinto y en nada armonizaba con el de la conversación de los mancebos. Ningún mal nos hará escucharlas por algunos instantes.

—¿Podría usted decirnos, doña Adelaida, quién es esa joven que hace poco entró en la sala del brazo del señor Álvaro?

—No, doña Laura, es la primera vez que la veo, me parece que no es de esta zona.

—Claro; ¡y qué aire tan asustado tiene!…, parece una salvaje que no ha puesto nunca los pies en un salón de baile, ¿no cree, doña Rosalina?

—¡Sin duda!… ¿y no se ha fijado en la *toilette* que lleva puesta? ¡Dios mío!…, ¡qué pobreza!, hasta mi mucama se viste con más gusto. Tal vez doña Emilia sepa quién es.

—¿Yo?, ¿por qué?, es la primera vez que la veo, pero el señor Álvaro ya me había hablado de ella, diciendo que era de una asombrosa belleza. No veo nada de eso; es bonita, sí, pero no tanto que asombre.

—Ese Álvaro es un excéntrico, un preciosista; todo lo nuevo lo seduce. ¿Y de dónde habrá sacado a esa perla que lo tiene tan aturdido?…

—Viene como forastera desde los mares del sur, amiga mía, y a juzgar por las apariencias, no es del todo mala.

—Si no fuera por esa pinta negra que tiene en la mejilla, sería más aceptable.

—Por el contrario, doña Laura, es precisamente esa señal lo que le da un cierto encanto particular…

—¡Ah!, perdón, querida amiga, no me acordaba de que usted también tiene en la mejilla un lunarcillo semejante; pero a usted le queda muy bien, le da mucha gracia... Sin embargo, el de ella, si vi bien, es demasiado grande; no parece una mosca, sino un escarabajo que se le posó en la cara.

—En realidad no me fijé bien. Vamos, vamos para el salón; es preciso verla más de cerca, estudiarla más despacio para poder emitir con seguridad nuestra opinión.

Capítulo XI

Álvaro era uno de esos seres privilegiados sobre quienes la naturaleza y la fortuna parecen haber querido vaciar a plenitud todo el cofre de sus favores. Hijo único de una distinguida y opulenta familia, a la edad de veinticinco años era huérfano de padre y madre, y dueño de una fortuna de cerca de dos mil contos.

Era de mediana estatura, esbelto, bien formado y bello más por la noble y simpática expresión de la fisonomía que por los rasgos físicos que, sin embargo, no eran irregulares. Aunque no tuviese un espíritu muy cultivado, gozaba de un entendimiento lúcido y fuerte, capaz de elevarse a la esfera de las más trascendentes concepciones. Habiendo concluido los estudios preparatorios, como era filósofo, que pesaba gravemente las cosas, pensando que la fortuna de que era dueño por un acaso del destino, por su cuna, podía perderla por otra eventualidad cualquiera, quiso, para tener alguna profesión dedicarse al estudio del Derecho. En el primer año, mientras navegaba por las elevadas regiones de la filosofía del derecho, experimentó cierto placer por los estudios académicos: pero cuando tuvo que adentrase en el intricado laberinto de esa árida y fastidiosa casuística de la jurisprudencia práctica, su espíritu decidido, su espíritu eminentemente sintético, retrocedió hastiado, y no tuvo ánimos para proseguir por la senda emprendida. Alma original, llena de grandes y generosas aspiraciones, se complacía más en el análisis de las altas cuestiones políticas y sociales, en soñar brillantes utopías, que en estudiar e interpretar leyes e instituciones que en su mayor parte, según opinaba, sólo tenían como base los más absurdos errores y prejuicios.

Odiaba todos los privilegios y distinciones sociales y es innecesario decir que era liberal, republicano y casi socialista.

Con semejantes ideas, Álvaro no podía dejar de ser un abolicionista exaltado y no lo era únicamente de palabra. Compuesta por esclavos una parte importante de la herencia de sus padres, trató enseguida de emanciparlos a todos. Pero como Álvaro tenía un espíritu excesivamente filantrópico, sabiendo lo peligroso que era pasar de forma brusca del estado de absoluta sumisión al gozo de la plena libertad, organizó para sus libertos en una de sus haciendas una especie de colonia, cuya dirección confió a un honrado y competente administrador. De esta medida podían derivar grandes ventajas para los libertos, para la sociedad y para el propio Álvaro. Al disponer de la hacienda para cultivar la tierra con carácter de arrendamiento y sometiéndose a una especie de disciplina común, los libertos no sólo evitaban entregarse al ocio, al vicio y al crimen, aseguraban su subsistencia y podían ganar algún dinero, sino también podían indemnizar a Álvaro por el sacrificio que había hecho con su emancipación.

Original y excéntrico como un rico lord inglés, profesaba en sus costumbres la pureza y la severidad de un cuáquero. Sin embargo, como hombre de imaginación viva y corazón impresionable, no dejaba de amar los placeres, el lujo, la elegancia y sobre todo las mujeres, pero con cierto platonismo delicado, con cierta pureza ideal propios de las almas elevadas y de los corazones limpios. No obstante, hasta el momento Álvaro no había encontrado a la mujer que estremeciera su corazón, la encarnación del tipo ideal que le sonreía en los vagos sueños de su poética imaginación. Con tan excelentes y brillantes atributos, Álvaro era objeto de gran interés en el mundo elegante y quizás el anhelo secreto que hacía palpitar el corazón de más de una ilustre y hermosa doncella. Pero él, amable y cortés con todas, no había mostrado por ninguna la más mínima señal de predilección.

Podemos imaginarnos el desencanto, el asombro, la terrible decepción que reinó en los círculos de las bellas pernambucanas el observar el vivo interés y las atenciones con que Álvaro rodeaba a una oscura y pobre muchacha; la deferencia con que la trataba y los entusiastas elogios que sin disimulo le prodigaba. Juno y Palas no se sintieron tan despechadas cuando el hermoso Paris confirió a Venus el premio de la hermosura. Ya antes de aquella velada, en algunos círculos de señoras, Álvaro había hablado de Elvira en términos tan lisonjeros y hasta con cierta elocuencia tan apasionada, que todas se sintieron sorprendidas e inquietas. Las mujeres ansiaban conocer a aquel prototipo de belleza y de antemano llovían sobre la desconocida y su defensor mil burlas y malignos apodos. Pero cuando la vieron, a pesar de las contrahechas y desdeñosas sonrisas que les rozaban los labios, sintieron que una sensación desagradable les aguijoneaba en lo profundo del corazón. Pido perdón a las bellas por mi ruda franqueza; la vanidad es, con muy raras excepciones, compañera inseparable de la belleza, y donde existe vanidad, la envidia, que siempre la acompaña más o menos de cerca, no se hace esperar por mucho tiempo. La belleza de la desconocida era indiscutible; su modestia y timidez en nada opacaban la sencilla e innata elegancia de que estaba dotada; el traje simple, e incluso pobre en comparación con el lujo suntuoso que la rodeaba, le sentaba maravillosamente y realzaba aún más sus encantos naturales. El efecto deslumbrante que Elvira produjo desde el primer momento y el empeño con que Álvaro trataba de hacer sobresalir sus seductores atractivos, como si quisiera a propósito eclipsar a las otras bellezas del salón, bastaban para irritar en éstas la vanidad y el amor propio. Uno y otra debían ser aquella noche el centro de atención de mil miradas desdeñosas, de mil sonrisas burlonas y de acerados epigramas.

Álvaro no se percataba de la mal disfrazada hostilidad con que él y su protegida –podemos llamarla así– eran acogidos en aquella reunión; mas la tímida y modesta Elvira, que en ninguna parte había encontrado franqueza y cordialidad, se sentía mal en aquella atmósfera de fingida amabilidad y cortesanía, y en cada mirada veía un escarnio desdeñoso y en cada sonrisa, un sarcasmo.

Ya sabemos quién era Álvaro, conozcamos ahora a su amigo, el doctor Geraldo.

Era un hombre de treinta años, graduado en Derecho y abogado altamente considerado en el foro de Recife. Entre las relaciones de Álvaro, era ésta la que cultivaba con más afecto e intimidad; una inteligencia de buenos quilates, firme y esclarecida, un carácter sincero, franco y lleno de nobleza, le daban derecho a esa predilección por parte de Álvaro. Su espíritu práctico y decidido, como debe ser el de un consumado jurisconsulto, que profesa el mayor respeto a las instituciones e incluso a todos los prejuicios y caprichos de la sociedad, estaba en completo antagonismo con las ideas excéntricas y reformistas de su amigo; pero ese antagonismo, lejos de perturbar o enfriar la estimación y el afecto que entre ellos reinaba, servía más bien para alimentarlos y fortalecerlos, rompiendo la monotonía que reina en las relaciones de dos almas siempre acordes y unísonas en todo. En fin de cuentas, las almas de este tipo, viendo que lo que una piensa, la otra también lo piensa; que lo que una quiere, la otra igualmente lo quiere y que no tienen nada que comunicarse, aburridas de tanto decirse amén, se verán obligadas a entregarse al silencio y a dormitar una frente a la otra; ¡plácida, cómoda y soñolienta amistad!... Además, la discrepancia de tendencias y opiniones es siempre de gran utilidad entre amigos, modificándose y atemperándose las unas con las otras. De esta forma, muchas veces el positivismo y el sentido práctico del doctor Geraldo servían de correctivo a las utopías y exaltaciones de Álvaro y viceversa.

De boca del propio Álvaro ya oímos el modo casual en que conoció a Elvira y cómo logró llevarla a la velada a la que aún estamos asistiendo.

—Padre —decía una joven señora a un hombre respetable cuyo brazo sujetaba, entrando en la antesala donde permanecemos observando—. Padre, quedémonos aquí en esta sala mientras no hay nadie. ¡Ay! ¡Dios mío! —continuó ella con voz ahogada, después de haberse sentado uno junto a otro—, ¿qué he venido yo a hacer aquí, yo, pobre esclava, en medio de las veladas de los ricos y los hidalgos?... Este lujo, estas luces, estas atenciones que me rodean, me perturban los sentidos y me causan vértigo. Es un delito que cometo mezclándome en el seno de tan alta sociedad; es una traición, padre; lo reconozco y siento remordimiento... ¡Si estas nobles señoras supieran que junto a ellas se divierte y baila una miserable esclava escapada de sus señores!... ¡Esclava! —exclamó levantándose—, ¡esclava!..., ¡me parece que todos están leyendo grabada en letras negras, sobre mi frente esa siniestra palabra!... ¡Huyamos de aquí, padre mío, huyamos!, esta sociedad parece estarse burlando de mí; este aire me ahoga..., huyamos.

Mientras así hablaba, la joven, pálida y jadeante, lanzaba a cada frase miradas inquietas a su alrededor, y empujaba el brazo de su padre, repitiendo siempre con ansiosa vehemencia:

—Vámonos, padre, huyamos de aquí.

—Sosiega tu corazón, hija mía —respondió el viejo tratando de calmarla—. Aquí nadie absolutamente puede sospechar quién eres. ¿Cómo van a pensar que eres una esclava si ninguna de esas lindas y nobles señoras puede compararse a ti ni en hermosura, ni en la gracia, ni en las virtudes del espíritu?

—Peor aún, padre; soy el centro de todas las atenciones y esas miradas curiosas que se dirigen hacia mí desde todos los rincones, me hacen estremecer a cada instante; yo hasta quisiera que la tierra se abriera bajo mis pies y me hundiese en su seno.

—Déjate de esas ideas; es precisamente tu miedo y tu timidez lo que podría perdernos si acaso existiese el más leve motivo de recelo. Ostenta con desenvoltura todos tus encantos y habilidades, baila, canta, conversa, muéstrate alegre y complacida, que lejos de considerarte una esclava serán capaces de pensar que eres una princesa. Ten ánimo, hija mía, al menos por hoy; ésta, al igual que es la primera, será también la última vez que pasaremos por semejante situación embarazosa; no podemos permanecer por más tiempo en estas tierras, donde hemos comenzado a despertar sospechas.

–¡Es cierto, padre!... ¡Qué fatalidad! –respondió la joven con una triste oscilación de cabeza–. ¡Estamos condenados a vagar de región en región, alejados de la sociedad, viviendo en el misterio y temblando en todo momento como si el cielo nos hubiese marcado con un estigma de maldición!... ¡Ah!, ¡esta partida lastimará profundamente mi corazón!... No sé qué encanto me ata a este lugar. ¡Pero tendré que decir adiós eterno a... esta tierra, donde disfruté de algunos días de placer y tranquilidad! ¡Oh! ¡Dios mío!..., ¡quién sabe si no hubiera sido mejor morir entre los tormentos de la esclavitud!...

En ese momento, Álvaro entró en la antesala, recorriéndola con la vista como quien busca a alguien.

–¿Dónde se meterían? –venía murmurando él–, ¿se les habrá ocurrido la infeliz idea de marcharse?... ¡Oh, no!... ¡Afortunadamente están ahí!... –exclamó con alegría al ver a los dos personajes que acabamos de oír conversar–. Doña Elvira, Su Merced es demasiado modesta; viene a esconderse en este rincón cuando debía estar brillando en el salón, donde todos suspiran por su presencia. Deje eso para las tímidas y pálidas violetas, a la rosa le compete exhibir a plena luz todos sus encantos.

–Discúlpeme –murmuró Isaura–, una pobre muchacha criada como yo en la soledad del campo y que no está habituada a tan espléndidas reuniones, se siente asfixiada e inhibida...

–¡Oh, no!… Ya se acostumbrará, espero. Las luces, el esplendor, las melodías, los perfumes, constituyen la atmósfera en que debe brillar la belleza que Dios creó para ser vista y admirada. Vine a buscarla a pedido de algunos caballeros que ya son admiradores suyos. Para interrumpir la monotonía de los valses y cuadrillas, las señoras de aquí acostumbran encantarnos los oídos con alguna canción, aria, romanza o cualquier cosa por el estilo. Algunas personas a quienes dije –perdóneme la indiscreción, hija del entusiasmo– que usted poseía la más linda voz que existe y que cantaba con maestría, mostraron el más vivo deseo de escucharla.

–¡Yo, señor Álvaro!…, ¡cantar yo delante de una reunión tan distinguida!… Por favor, evíteme esa nueva prueba. Es por su propio interés que se lo digo; canto mal, soy muy tímida y estoy segura de que iría a desmentirlo. Ahórrenos esa vergüenza a ambos.

–Son disculpas que no puedo aceptar, porque ya la he oído cantar y créame, doña Elvira, que si yo no tuviese la seguridad de que usted canta admirablemente, no sería capaz de exponerla a un fracaso. Quien canta como Su Merced lo hace no debe sentir timidez, y yo, por mi parte, le pido encarecidamente que no cante otra cosa que aquella melodiosa canción de la esclava que el otro día la sorprendí cantando y le garantizo a usted que arrebatará a los oyentes.

–¿Por qué no puede ser otra? Esa canción me trae recuerdos tan tristes…

–Quizás sea por eso mismo que es tan linda en sus labios.

"¡Ay, pobre de mí! –suspiró dentro de su alma doña Elvira–: ¡son precisamente los que más me aman los que se convierten, sin saberlo, en mis verdugos!..."

Elvira hubiera querido excusarse de cualquier modo; cantar en aquella ocasión era el más penoso de los sacrificios. Pero ya no le era posible negarse y, recordando el sabio consejo de su padre, no quiso que le siguieran rogando. Aceptó el brazo que Álvaro le ofrecía y fue conducida por él al piano, donde se sentó con la gracia y elegancia de quien se halla completamente familiarizada con el instrumento.

Una multitud de cabezas curiosas y de corazones que palpitaban con la más ansiosa expectación se agruparon alrededor del piano; los caballeros estaban impacientes por saber si la voz de aquella mujer correspondía a su extraordinaria belleza; si el hada sería también una sirena; las damas esperaban que, al menos en aquel terreno, tendrían el placer de ver derrotada a su formidable rival, y ya pensaban compararla con el pavo real de la fábula, que se quejó a Juno por haberle dado una voz que sonaba como un chillido áspero y desagradable a pesar de haberla formado como la más bella de las aves.

La coyuntura era delicada y solemne; la moza se hallaba en la difícil situación de una prima donna que, precedida de una gran reputación, debuta ante un público exigente e ilustrado. A su alrededor se hacía un profundo silencio; las respiraciones estaban como suspensas, mientras que parecía oírse el palpitar de todos los corazones en la ansiedad de la expectación. Álvaro, aunque ya conocía la excelente voz de Elvira y su maestría en el canto, no dejaba de mostrarse inquieto y conmovido. A Elvira, por su parte, poco le importaba cantar bien o mal; incluso deseaba pasar por la joven más fea, la más desabrida y más insulsa de aquella reunión, con tal de que la dejasen en un rincón olvidada y tranquila. Podría decirse que estaba bajo el imperio de algún terrible presentimiento. Pero Elvira quería a Álvaro, y agradecida por el delicado empeño con que éste, lleno de amabilidad y entusiasmo, se esforzaba por presentarla como un prototipo de belleza y de talento a los ojos de aquella brillante sociedad, para complacerlo y no desmentir la lisonjera opinión que había propagado sobre ella, deseaba cantar lo mejor que le fuese posible. Era el triunfo de Álvaro a lo que aspiraba más que al suyo propio.

Una vez sentada al piano, cuando sus dedos suaves y flexibles, posándose sobre el teclado, preludiaron algunos sencillos acordes, la joven se sintió otra, revelando a los circunstantes maravillados un nuevo y original aspecto de su hermosura. La fisonomía, cuya expresión habitual era toda modestia, ingenuidad y candor, se inundó con una luz insólita; el busto admirablemente cincelado se irguió altanero y majestuoso; los ojos extáticos se alzaron llenos de esplendor y serenidad; los senos, que hasta ese momento apenas se mecían como las olas de un lago en una tranquila noche de luna, comenzaron a jadear, túrgidos y agitados como un océano encrespado; su cuello se distendió albo y esbelto como el de un cisne que se apresta a emitir sus divinos gorjeos. Era el soplo de la inspiración artística que rozándole la frente la transformaba en sacerdotisa de lo bello, en intérprete inspirada de las melodías del cielo. Allí se sentía ella reina sobre su trono ideal; allí era Calíope sentada sobre el trípode sagrado, avasallando al mundo al sonido de arrobadoras e inefables melodías. De las propias inquietudes y angustias del alma supo ella extraer aliento e inspiración para vencer las dificultades de la difícil situación que atravesaba. Bañó los labios con las lágrimas del corazón, y la voz le rompió del pecho con tan original y arrebatadora vibración, en modulaciones tan puras y suaves, tan impregnadas de sublime melancolía, que más de una lágrima se vio rodar por las mejillas de los asiduos asistentes a ese templo de los placeres, de las risas y de la frivolidad.

Elvira acababa de alcanzar un triunfo colosal. ¡Apenas había terminado de cantar cuando el salón retumbó con los más atronadores aplausos, y parecía que iba a derrumbarse con el ruido ensordecedor de las palmadas y de los vivas!

—El hada de Álvaro es también una sirena —decía el doctor Geraldo a uno de los caballeros en cuya compañía ya lo vimos—. Resume todo en sí…, ¡qué timbre de voz tan puro y tan suave!; sentí que me había transportado al séptimo cielo y que oía las melodías de los coros angelicales.

—Es una consumada artista… En el teatro haría olvidar a la Malibrán y conquistaría una reputación europea. Álvaro tiene razón; una criatura así no puede ser una mujer común, y mucho menos una aventurera…

En eso la música dio la señal para la cuadrilla e interrumpió la conversación o no la dejó oír.

—Doña Elvira —dijo Álvaro dirigiéndose a su protegida, que ya se había sentado junto a su padre—, recuerde que me hizo el honor de concederme este baile.

Elvira se esforzó por sonreír y combatir el terrible abatimiento que, una vez dejado el piano, se había apoderado nuevamente de su espíritu.

Tomó el brazo de Álvaro y ambos fueron a ocupar su sitio en la cuadrilla.

Capítulo XII

Ahora los lectores ya saben, si es que no lo habían adivinado, que la supuesta Elvira no es más que la esclava Isaura, así como Anselmo no pasa de ser el administrador Miguel, ambos ya viejos conocidos nuestros. Como también saben que Isaura no sólo estaba dotada de un espíritu superior, sino que además había recibido una fina y esmerada educación, a nadie sorprendería la distinción de sus modales, la elegancia y vuelo del lenguaje y otras dotes que hacían que esa esclava excepcional pudiese estar presente e incluso brillar en medio de la más distinguida y aristocrática sociedad.

Fue la situación desesperada en que viera a su querida hija lo que llevó a Miguel al recurso extremo de una fuga precipitada, expuesta a mil azares y peligros. Él recordaba con horror el terrible destino de que, en iguales circunstancias, fuera víctima la madre de Isaura, y bien sabía que Leoncio, tan desalmado como el padre y más corrompido y libertino aún que éste, era capaz de excesos y atropellos aún mayores. Habiendo perdido la esperanza de liberar a la hija, entendió que podía utilizar la suma que a ese fin había reunido empleándola en arrancar a la pobre víctima de las manos del verdugo por cualquier medio que fuese. Sabía perfectamente que sacar una esclava de casa de sus señores y protegerla en su huida era, a los ojos del mundo, además de un delito, un acto indecoroso e indigno de un hombre de bien; pero la esclava era su hija idolatrada y una perla de pureza a punto de ser mancillada o destruida por un verdugo, y esta consideración lo justificaba ante su propia conciencia.

El infeliz padre incluso pensó en denunciar el hecho a las autoridades, implorando la protección de las leyes a favor de su hija para que no fuese víctima de las violencias y maltratos de su disoluto y brutal señor, pero todos aquellos a quienes consultaba le respondían lo mismo: "No se meta en eso; es tiempo perdido. Las autoridades no tienen nada que ver con lo que ocurre en el interior de la casa de los ricos. No haga eso; saldría bien si solamente tuviese que pagar las consecuencias y no le echaran encima algún proceso judicial que lo haga ir a parar a la cárcel. ¿Dónde se ha visto al pobre tener razón contra el rico, al débil contra el fuerte?"

Miguel mantenía relaciones ocultas con algunos de los antiguos esclavos de la hacienda de Leoncio, los cuales, recordando aún con nostalgia la época de su buena administración, le seguían profesando el mismo respeto y afecto, y por medio de ellos tenía una exacta información de lo que sucedía en la hacienda. Conociendo los crueles apuros que atravesaba su hija después de la muerte del gobernador, no vaciló un instante más y trató de tomar todas las medidas de seguridad para raptar a su hija y ponerla fuera del alcance de su bárbaro señor. En la misma madrugada que siguió a la tarde en que la raptó, salió con Isaura hacia las provincias del Norte impulsado por las velas de un navío negrero que capitaneaba un portugués, viejo y entrañable amigo suyo. Este, al llegar a la altura de Pernambuco, como de ahí tenía que continuar hacia las costas de África, los dejó en Recife prometiéndole que dentro de tres o cuatro meses estaría de regreso para conducirlos al sitio que ellos quisiesen. Miguel, que en su profesión de jardinero o de administrador había pasado su vida, desde la infancia, en un horizonte muy reducido y con un círculo muy limitado de relaciones, tenía pocos conocimientos y ninguna experiencia del mundo y, por ello, no podía calcular todas las consecuencias de la difícil posición en que iba a colocarse a sí mismo y a su hija. Durante los largos años en que estuvo administrando la hacienda del gobernador y de otros no ocurrieron más que una o dos fugas insignificantes de esclavos, por algunos días y hacia alguna hacienda vecina, por lo cual no sorprende que él ignorase casi completamente la amplitud de los derechos que tiene un señor sobre sus esclavos y los infinitos medios y recursos que puede emplear para capturarlos en caso de fuga. Creyó, pues, que en Pernambuco podría vivir con su hija en plena seguridad, al menos por tres o cuatro meses, una vez que se alejaran de la sociedad lo más posible y trataran de ocultar su vida en la más absoluta oscuridad.

También Isaura, aunque tuviese el espíritu más avispado y sensato, lejos del objeto principal de su terror y aversión, no dejaba de sentirse tranquila y hasta cierto punto despreocupada de los peligros a que vivía expuesta. Pero esa tal tranquilidad sólo duró hasta el día en que vio a Álvaro por primera vez. Lo amó entonces con ese amor sublime de las almas elevadas, que aman por primera y única vez, y ese amor, como bien se comprende, vino a tornar aún más crítica y angustiosa su ya tan precaria y difícil situación.

Álvaro tenía en la fisonomía, en los gestos, en la voz y en su expresión, un no sé qué de noble, de amable y profundamente simpático que avasallaba todos los corazones. ¿Qué no sería él para aquella que por primera vez había sabido conquistar su amor? Isaura no pudo resistir a tan maravillosa seducción; lo amó con el ardor y entusiasmo de un corazón virgen y con la imprudencia y ceguera de un alma de artista a pesar de que no viese en ese amor más que una nueva fuente de lágrimas y torturas para su corazón.

Midiendo el abismo que la separaba de Álvaro, bien sabía que aquella pasión funesta no podía alimentar ninguna esperanza, pues debería permanecer para siempre sepultada en lo íntimo de su corazón como un cáncer que lo devora eternamente.

En su cáliz de amargura, ya casi rebosante, recibía ahora de manos del destino aquella otra amargura cruel, que quemaba sus labios y le envenenaba la existencia.

Ya bastante le pesaba estar engañando a la sociedad sobre su verdadera condición; alma sincera y escrupulosa, se avergonzaba consigo misma por imponer a las pocas personas que la trataban de cerca un respeto y una consideración a los que ningún derecho podía tener. Mas considerando que con ese disfraz no causaba un gran mal a la sociedad, se conformaba con su suerte. No obstante, ¿debería ella o podría sin inconvenientes mantener a su amado en la misma ilusión? Con su silencio, conservándolo ignorante de su condición de esclava, ¿debería dejar alimentar, crecer la profunda y enérgica pasión que el joven había concebido por ella?... ¿No sería esto un vil embuste, un acto indigno, una traición infame?, ¿no tendría él derecho, al saber la verdad, a censurarla con amargos reproches, a despreciarla, a pisotearla, a tratarla, en fin, como a la esclava abyecta y vil que seguiría siendo?

–¡Oh, eso para mí sería más horrible que mil muertes! –exclamaba ella en medio del angustioso torbellino de ideas que agitaba su espíritu–. No, no debo engañarlo, eso sería una infamia... Voy a decirle todo, ése es mi deber y he de cumplirlo. Tendrá que saber que no puede, que no debe amarme; y al menos tendrá el derecho de despreciarme... Una esclava que procede con franqueza y lealtad puede al menos ser considerada con aprecio. No, no debo engañarlo, se lo revelaré todo.

Esta era la resolución que le inspiraba su natural pundonor y lealtad y los dictámenes de una conciencia recta y delicada, pero cuando llegaba el momento de ponerla en práctica el corazón le flaqueaba e Isaura iba posponiendo de un día para otro el cumplimiento de su propósito.

Le faltaba totalmente el coraje para romper con sus propias manos la dulce quimera que con tanta dulzura la embargaba y en la que a veces lograba olvidar por largo tiempo su triste condición, para recordar sólo que amaba y era amada.

–Dejemos que dure un día más –se decía ella– esta ilusoria pero inefable ventura. Soy una condenada que arrancan de la mazmorra para subir al escenario y hacer por momentos el papel de reina feliz y poderosa; cuando descienda, seré de nuevo sepultada en mi mazmorra para no salir jamás. Prolonguemos estos instantes, ¿no será lícito dejar pasar al menos en sueños una hora de felicidad por la frente del infeliz condenado?... Siempre habrá tiempo para romper esta frágil cadena de oro que me ata al cielo y hundirme nuevamente en el infierno de mis sufrimientos.

En esta indecisión, en esta lucha interna en que siempre la voz de la pasión ahogaba los dictámenes de la razón y de la conciencia, transcurrieron algunos días hasta aquel en que Álvaro los indujo por medios casi violentos a aceptar la invitación para un baile. Desde entonces Isaura comprendió que sería una deslealtad, una infamia incalificable, conservar por más tiempo a su amado engañado con respecto a su condición, y que no había más formas de prolongar, sin descrédito para ellos, tan falsa y precaria situación.

¡Era mucho abusar de la ignorancia del noble y generoso joven! ¡Una esclava fugada que se presenta en un baile y se pavonea cogida de su brazo ante la más brillante y distinguida clase de una importante capital!... Era pagar con la más fea ingratitud y la más degradante deslealtad los favores que con tanta delicadeza y amabilidad él les había prestado. Esto repugnaba totalmente los escrúpulos de la melindrosa conciencia de Isaura. Es cierto que Miguel, aterrado por las cosas que Álvaro le había dicho, se vio obligado a aceptar su amable invitación; sin embargo, Isaura había guardado un absoluto silencio que ambos tomaron como señal de aquiescencia.

Se equivocaban. Isaura, sumida en el silencio, hacía esfuerzos supremos por sacudirse el fardo de aquel disfraz que tanto le pesaba sobre la conciencia, rasgando resueltamente el velo que ocultaba a los ojos de su amado su verdadera condición. No obstante, por mucho que apelase a toda su energía y resolución, en el momento decisivo el valor la abandonaba. Ya la palabra le rondaba por los labios entreabiertos, ya estaba lista para postrarse a los pies de Álvaro cuando, sintiendo sobre ella la mirada tierna y apasionada del joven, permanecía como fascinada; la palabra no osaba romper los labios paralizados y regresaba al corazón, y los pies se negaban a moverse como si estuviesen clavados en el suelo. Isaura se sentía como el desgraciado a quien circunstancias fatales arrastran al suicidio, pero que al llegar al borde del precipicio terrible al cual desea arrojarse retrocede despavorido.

"¡Qué criatura tan débil y cobarde soy! —pensó ella por fin con desaliento—; ¡qué miserable!, ¡ni siquiera tengo coraje para cumplir un deber! No importa, todo tiene remedio; él oirá de boca de mi padre lo que yo no tengo ánimo para decirle."

Esta idea le iluminó el espíritu como una tabla de salvación; se acogió a ella con vehemencia y antes de que el valor le flaqueara de nuevo, trató de ponerla en ejecución.

—Padre mío —dijo ella resueltamente en cuanto Álvaro transpuso el portón del pequeño jardín—, quiero decirle que yo no voy a ese baile; no quiero ni debo en modo alguno asistir a él.

—¿Qué no vas? —exclamó Miguel atónito—. ¿Y por qué no lo dijiste cuando el señor Álvaro estaba aquí? Ahora que ya le dimos nuestra palabra...

—Para todo hay remedio, padre —atajó la hija con ansiedad febril—, y para este caso es muy sencillo: vaya usted enseguida a casa de ese joven y dígale lo que yo no tuve el valor de decirle, cuéntele quién soy, eso es todo.

Al decir esto, Isaura estaba pálida, hablaba con precipitación, los labios descoloridos le temblaban y las palabras le salían con una voz tan convulsa y estridente que parecía como si le fueran arrancadas del corazón. Era el resultado del extremo esfuerzo que hacía para llevar a efecto tan penosa resolución. El padre la miraba con asombro y consternación.

–¡Qué estás diciendo, hija! –le replicó él–, ¡estás tan pálida y alterada!... Me parece que tienes fiebre... ¿Acaso estás enferma?

–No, padre, no se preocupe por mi salud. Lo que le estoy diciendo es absolutamente necesario, así que vaya usted a hablar con ese joven y confiésele todo...

–¡Eso nunca!... ¿Estás loca, muchacha?... ¿Quieres que yo te vea encerrada en una celda, conducida con cadenas para tu provincia, entregada a tu señor, y finalmente muerta entre tormentos en las garras de aquel monstruo? ¡Oh!, Isaura, por favor, no me hables más de eso. Mientras me corra sangre por las venas, mientras me quede el más mínimo recurso al que apelar, he de utilizarlo para salvarte...

–¡Salvarme por medio de una infamia, de un acto indigno, padre!... –replicó la joven exaltada–. ¿Cómo puedo yo, sin cometer la más vil deslealtad, aparecer presentada por él como una señora libre en un salón de baile?... Cuando ese señor y otras tantas personas ilustres sepan que estuvo con ellos y bailó entre ellos una miserable esclava fugitiva...

–¡Cállate, muchacha! –interrumpió el viejo, molesto por la exaltación de la hija–. No hables tan alto... Cálmate, ellos nunca sabrán nada. En cuanto podamos saldremos de aquí, mañana mismo si fuese posible. Nos embarcaremos en cualquier buque y nos iremos muy lejos, a los Estados Unidos, por ejemplo. Allí, según me consta, estaremos fuera del alcance de cualquier persecución. Yo con mi trabajo, y tú con tus dotes y habilidades, podemos vivir sin sufrir necesidades en cualquier parte del mundo.

—¡Oh, padre!, esa idea de irnos tan lejos sin esperanza de poder volver un día, me oprime el corazón.

—¡Qué remedio, hija mía!… Ahora, aunque tengamos que ir a parar al fin del mundo, tenemos que huir de las garras del monstruo.

—Pero ese joven que tanto se interesa por nosotros, el señor Álvaro, tan noble y generoso como es, al conocer mi verdadera condición y las terribles circunstancias que nos obligan a andar como fugitivos, disfrazados por el mundo, tal vez quiera y pueda ampararnos y ayudarnos contra las persecuciones…

—¿Y quién nos garantiza eso?… Lo más seguro es que te eche en cara su desprecio tan pronto como sepa que no eres más que una esclava fugitiva, y eso si, por despecho, no es el primero en denunciarte a la policía. En la situación en que nos encontramos, es totalmente necesario engañarlo a él y a todos; si le revelamos a quienquiera el secreto de nuestra identidad, estamos perdidos. Ten valor y vamos al baile, hija mía, es un sacrificio cruel, pero pasajero, al que debemos someternos en beneficio de nuestra seguridad. Pronto estaremos lejos, y si algún día supieran quién eres tú, ¿qué nos importa? Nunca más nos verán el rostro, ni escucharán nuestros nombres. Tienes una conciencia escrupulosa en demasía. Si ignoran quién eres, tu compañía no puede ofenderlos en nada.

Con eso no le haces daño a nadie, es una medida de salvación que todos te perdonarían.

—Creo que usted tiene razón, padre, pero no sé por qué mi corazón se resiste absolutamente a dar ese paso.

—Pero hay que darlo, hija mía, si no quieres que caiga sobre nosotros dos la desgracia y la muerte. Si no vamos a ese baile y desaparecemos de un día para otro, como tenemos que hacer, entonces las sospechas que hemos empezado a despertar aumentarán mucho más y la policía se lanzará detrás de nuestra pista y nos perseguirá por todas partes. ¡Es un sacrificio, lo sé, pero mucho más llevadero que las persecuciones de la policía, la prisión, las torturas y la muerte, que es lo que te espera en casa de tu señor!…

Isaura no respondió; su mente se agitaba entre las más punzantes y amargas reflexiones.

Las palabras de su padre la habían abismado en un glacial y profundo desaliento. Aturdida por tantos golpes, su alma se debatía en un mar de dudas y perplejidades, como frágil barca en medio de un océano irritado, sacudida fuertemente por un oleaje furioso.

El grito de su conciencia escrupulosa y delicada, la franqueza y la sinceridad de su corazón, que no podía admitir el embuste y la mentira, y una especie de vago presentimiento que le rondaba el espíritu, la apartaba de aquel baile y por momentos parecía fijar definitivamente su resolución y, firme en este propósito, se decía a si misma: "No, no iré."

Por otro lado, las consideraciones de su padre, que parecían tan razonables, así como el deseo de ver a Álvaro otra vez, de disfrutar por algunas horas de su presencia, hundían de nuevo su espíritu en el mar de la indecisión. La idea de que en breve, tal vez al día siguiente, tenía que irse de aquellas tierras y separarse de Álvaro, sin esperanza alguna de volver a verlo, sin poder decirle adiós, sin que él pudiese saber quién era ella, ni para dónde iba, le laceraba el corazón. Partir sin tener un ser a quien abrazar a la hora de la despedida, ni tener un pecho donde verter las lágrimas de la más dolorosa nostalgia, partir para llevar una vida errante y fugitiva, sin esperanza ni consuelo alguno, a través de mil trabajos y peligros, para terminar quizás entre los tormentos de la más atroz esclavitud, ¡oh!..., ¡esa idea era pavorosa! Y, sin embargo, ¡era ése el único futuro que la pobre Isaura tenía enfrente! Pero no, aún tenía ante sí una noche entera de placer y de ventura, una noche espléndida de baile y disfrute de su amado, respirando el mismo aire, embriagándose con su voz, bebiendo su aliento, recogiendo dentro del alma sus miradas apasionadas, sintiendo en su mano la presión de aquella mano adorada, contando los latidos de aquel corazón, que sólo por ella palpitaba. ¡Oh, una noche así bien valía una eternidad, aunque después viniesen las angustias y los peligros, la esclavitud y la muerte!

A pesar de ser cándida y modesta, no por eso Isaura dejaba de tener conciencia de cuánto valía. Viendo que era objeto del amor de un joven de espíritu elevado y dotado de tan nobles y brillantes cualidades como Álvaro, confirmó aún más la idea que de sí misma había hecho.

Con su natural perspicacia y penetración, se convenció enseguida de que el afecto que el joven sentía por ella no era un simple y superficial homenaje rendido a sus encantos y talentos, ni tampoco un pasajero capricho de juventud, sino una verdadera pasión, sincera, enérgica y profunda. Para ella esto era motivo de un orgullo íntimo, que la elevaba ante sus propios ojos, y por momentos le hacía olvidar que era esclava.

"Estoy convencida de que soy digna del amor de Álvaro, si no, él no me amaría; y si soy digna de su amor, ¿por qué no lo sería de presentarme en el seno de la más brillante sociedad? ¿Acaso la perversidad de los hombres puede destruir lo que hay de bueno y de bello en la obra del Creador?" Así reflexionaba Isaura y exaltada con estas ideas y con la seductora perspectiva de pasar algunas horas de inefable dicha en compañía de su amado, exclamaba dentro de su alma: "¡Iré, iré al baile!"

Mientras Isaura, silenciosa y con el rostro entre las manos, se hundía en sus pensamientos tratando de tomar una decisión firme, el padre, no menos inquieto y preocupado, caminaba distraído entre los canteros del jardín, esperando con ansiedad una respuesta definitiva de su hija.

—Iré, padre, iré al baile –dijo ella por fin poniéndose de pie–, pero voy a prepararme para ello como la víctima que tiene que ser conducida al sacrificio entre cánticos y flores. Tengo un cruel presentimiento, que me destroza…

–¿Presentimiento, de qué, Isaura?…

–No sé, padre, de alguna desgracia.

–Pues en cuanto a mí, Isaura, el corazón me está diciendo que de nuestra asistencia a ese baile dependerá nuestra salvación.

Capítulo XIII

No piense el lector que ya ha terminado el baile al que estábamos asistiendo. La pequeña digresión que, fuera de él, hicimos en el capítulo anterior, nos pareció necesaria para explicar por qué cúmulo de circunstancias fatales para nuestra heroína, siendo una esclava, se vio obligada a tomar la audaz decisión de presentarse en una velada espléndida y aristocrática –debilidad del corazón, timidez de carácter, que puede disculparse mas no justificarse plenamente en una persona de conciencia tan delicada y de tan esclarecido entendimiento.

El baile continúa, pero no tan animado y alegre como al principio. Los aplausos frenéticos, la admiración general provocada por Isaura en el grupo de los caballeros, habían producido un completo enfriamiento en el ánimo de las más bellas y distinguidas damas de la reunión. Irritadas con sus caballeros predilectos debido a los entusiastas homenajes que abiertamente rendían a los pies de aquella a quien implícitamente estaban proclamando la reina del salón, ya ni siquiera querían bailar, y en vez de risas divertidas y de una conversación franca y jovial sólo se escuchaban por los rincones comentarios misteriosamente susurrados y cuchicheos contados en secreto entre irónicas y sarcásticas risotadas.

Entre las damas se propagaba un susurro general de descontento. Era como esos rumores sordos y profundos que retumbaban a lo lejos por el espacio, precediendo a una gran tempestad. Podría decirse que ya adivinaban que aquella mujer, que por sus encantos y dotes incomparables las estaba suplantando a todas, no era más que... una esclava. Muchas incluso se fueron retirando, principalmente aquellas que abrigaban alguna esperanza o se creían con algún derecho sobre el corazón de Álvaro. Aniquiladas por el peso de los aplastantes triunfos de Isaura, tomaron la prudente decisión de ir a esconder en el misterioso recinto de las alcobas el despecho y la vergüenza de tan rotunda y cruel derrota.

Pero no podemos decir que en medio de tantas y tan nobles damas, distinguidas por los encantos del espíritu y del cuerpo, no hubiese muchas que, con toda sinceridad y sin la menor sombra de envidia, admirasen la belleza de Isaura y aplaudiesen de corazón y con sincero placer sus triunfos, y fueron esas las que consiguieron ir dando alguna vida a la velada que, sin ellas, hubiese languidecido completamente. Sin embargo, no es menos cierto que, sin distinción de clases, cerca de la mitad del bello sexo es blanco de esas envidias, celos y rivalidades mezquinas.

Dejamos a Isaura incorporándose a una cuadrilla, con Álvaro por pareja. Mientras bailan, entremos en una saleta donde hay mesas de juego y aparadores con licoreras, jarras de cerveza y champán. Esta saleta comunicaba con el salón de baile por una ancha puerta abierta. En ella se encuentra una media docena de muchachos, en su mayoría estudiantes, de esos con pretensiones extravagantes y excéntricas a lo Byron, y que ya hastiados de la sociedad, de los placeres y de las mujeres, acostumbran decir que no cambiarían una fumada de tabaco o una copa de champán por la más aduladora sonrisa de la más hermosa doncella: de esos descreídos que viven pregonando en prosa y en verso que en la aurora de la vida ya tienen el corazón consumido por el escepticismo o calcinado por el fuego de las pasiones o congelado por la sociedad; de esos misántropos, en fin, llenos de tedio, que se encuentran siempre en todos los bailes y reuniones de todo tipo haciendo alarde de su alejamiento y desdén por los placeres de la sociedad y las frivolidades de la vida.

Entre ellos hay uno sobre el cual debemos enfocar un poco más nuestra atención, ya que va a tomar una parte bastante activa en los acontecimientos de esta historia. Este no tiene nada de melancólico ni de byroniano; por el contrario, todo su ser respira el más vulgar e innoble prosaísmo. Aparenta ser más viejo que sus compañeros una buena decena de años. Tiene la cabeza grande, la cara larga, y los rasgos toscos. La frente es desmesuradamente ancha, con enormes protuberancias, lo que, en opinión de Lavater, es indicio de espíritu lerdo y mezquino que raya en la estupidez. El conjunto de la fisonomía burda y casi grotesca revela instintos innobles, mucho egoísmo y bajeza de carácter. No obstante, lo que más lo caracteriza es cierto espíritu de codicia y de sórdida ganancia que emana de todas sus palabras, de todos sus actos, y principalmente del fondo de sus ojos pardos y pequeños, donde reluce constantemente un destello de bellaquería. Es estudiante, pero por lo desaliñado del traje, sin el menor esmero y ni sombra de elegancia, parece más bien un buhonero. Estudiaba desde hacía quince años por su propia cuenta, manteniéndose con los ingresos de una taberna de la cual era socio capitalista. Se llama Martinho.

—Muchachos —dijo uno de los jóvenes—, juguemos una partida de *lansquenete*[3] mientras esos estúpidos andan allá afuera arrastrando los pies y haciendo reverencias.

—¡De acuerdo! —exclamó otro, sentándose a una mesa y cogiendo las bajaras—. Ya que no tenemos nada mejor que hacer, juguemos a las cartas. Además, es en las cartas donde reside la vida. El ver una sota me hace estremecer el corazón con emociones más vivas que las que sentiría Romeo con una mirada de Julieta… Afonso, Alberto, Martinho, vengan para acá, juguemos al *lansquenete*, dos o tres partidas nada más…

—Con mucho gusto aceptaría la invitación —respondió Martinho—, si no estuviera ocupado con otro juego que de un momento a otro, y sin arriesgar nada, puede meterme en el bolsillo no menos de cinco contos de reis limpiecitos.

—¿De qué endemoniado juego estás hablando?… ¿Nunca dejarás de comportarte como un loco?… Déjate de tonterías, vamos a jugar.

---

[3] En Brasil, juego de naipes. *(N. de la T.)*

—Quien tiene un juego seguro como el que yo tengo, ¿va a arriesgarse en los azares del *lansquenete*, que ya me ha hecho perder tanta plata?… Ni que fuera imbécil.

—¡Maldita sea, Martinho!… ¿Por qué no te explicas?… ¿Qué condenado juego es ése?…

—Traten de adivinar… No pueden. Es una brisca sensacional. Si adivinan, les doy una cena espléndida en el mejor hotel de esta ciudad; por supuesto, si adivinan mi carta…

—De esa cena estamos todos libres, mísero engullidor de bacalao quemado, porque no hay nadie que adivine las tonterías que te pasan por esos sesos extravagantes. Lo que queremos es que pongas tu dinero aquí, sobre la mesa del *lansquenete*.

—Déjenme en paz —dijo Martinho con la mirada clavada en el salón de baile—. Estoy calculando mi juego… Supongan que es en ajedrez y que yo voy a dar jaque mate a la reina… Dicho y hecho, y los cinco contos son míos…

—No hay duda de que está loco de remate… Vamos, Martinho, descubre tu juego o vete, y no nos fastidies con tus locuras.

—Los locos son ustedes. Mi juego es éste…, ¿pero cuánto me dan por descubrirlo? Miren que se trata de algo curioso…

—¿Quieres avivar nuestra curiosidad para tumbarnos alguna platica, no es cierto?… Pues esta vez te garantizo que a mí no me sacarás nada. Vete al diablo con tu juego y déjanos aquí con el nuestro. Juguemos a las cartas, amigos, y dejemos a Martinho con sus locuras.

—Con sus bellaquerías, dirás tú…, a mí no me engaña.

–¡Ah!, ¡estúpidos! –exclamó Martinho–, ustedes todavía andan en pañales. Vengan acá, vengan y verán si se trata de locura o de bellaquería. Por fin voy a mostrarles mi juego, porque quiero ver si ustedes están de acuerdo conmigo. He aquí mi carta –concluyó Martinho enseñando un papel que sacó del bolsillo–: no es otra cosa que un anuncio de esclavo fugitivo.

–¡Ah!, ¡ah!, ¡ah!… ¡Es algo gordo!…

–¡Qué disparate!… Decididamente estás loco, Martinho.

–¿Qué tienes que ver tú con ese anuncio de esclavo fugitivo?…

–¿Acaso te nombraron oficial de justicia o cazador de esclavos?

Estas y otras frases salían de los labios de los jóvenes, en un coro de interminables carcajadas que competían con la orquesta de baile.

–No sé por qué se asombran tanto –replicó con desenfado Martinho–, lo sorprendente es que todavía no hayan visto este gran anuncio suelto procedente de Río de Janeiro y que se distribuyó por toda la ciudad conjuntamente con el *Jornal do Comércio*.

–¿Acaso somos esbirros u oficiales de la justicia para preocuparnos con semejantes anuncios?

–Pero fíjense que el negocio es de los más curiosos que existen, y la remuneración no es como para despreciarla.

–¡Pobre Martinho! ¡Cuánto puede en tu espíritu la ganancia de oro para ponerte a cazar esclavos fugitivos en una sala de baile! ¿Crees que vas a encontrar aquí a semejante gente?...

–¡Oh!, ¡¿quién sabe?!... Tengo motivos para pensar que aquí mismo voy a encontrarla, al igual que esos cinco conticos de reis que, entre nosotros, me vienen divinamente ahora que el almacén de mi socio viene produciendo tan pocas ganancias en estos últimos tiempos.

Martinho llamaba almacén a la pequeña taberna de la que era socio. Una vez dicho esto, fue a pararse junto a la puerta que daba al salón y allí permaneció largo tiempo observando de forma alterna a los que bailaban y al anuncio que llevaba desdoblado en la mano, como quien investiga y confronta los indicios...

–¿Qué rayos hace allí Martinho? –exclamó uno de los jóvenes que, entretenidos con las aparentes payasadas de Martinho, había dejado de jugar.

–Está loco, no hay la menor duda –indicó otro–. ¡Buscar un esclavo fugitivo en un salón de baile!... ¡Era lo único que faltaba! Si anduviese detrás de alguna princesa, seguramente iría a buscarla en los *quilombos*.[4]

–Pero quizás sea algún criado o alguna mucama que anda por ahí.

–No me consta que haya ningún criado ni ninguna mucama bailando allí, y él no les quita los ojos de encima a los que bailan.

---

[4] Palabra de origen africano que designa el lugar donde se ocultaban los que se fugaban del cautiverio y la esclavitud. *(N. del E.)*

—Déjalo. Este muchacho, además de ser un vil traficante, siempre fue un maníaco de primera.

—¡Es ella! —dijo Martinho dejando la puerta y volviéndose hacia sus compañeros—. Es ella, ya no tengo la menor duda, es ella, y está confiada.

—¿Ella quién, Martinho?...

—¡Vaya! ¿Pues quién más podría ser?...

—¿La esclava fugitiva?...

—¡La esclava fugitiva, sí, señores!... Y está ahí bailando.

—¡Ah!, ¡ah!, ¡ah! ¡Ahora vienes con eso, Martinho!... ¿Hasta dónde quieres llevar tu farsa?

—El desenlace debe ser galante.

—Esto no tiene precio y vale más que todos los bailes del mundo.

—Si todos los bailes tuviesen un episodio así, yo no me perdía ni uno.

Así exclamaban los jóvenes en medio de estruendosas carcajadas.

—¿Ustedes se burlan? Miren que la farsa huele un poco a tragedia.

—¡Mejor!, ¡mejor!

—¡Vamos, Martinho, habla!

–¿No me creen?... Pues oigan y después me dirán que tal es la farsa.

Diciendo esto, Martinho se sentó en una silla y, desdoblando el anuncio, se puso en actitud de leerlo. Los demás se agruparon curiosos a su alrededor.

–Escuchen bien –continuó Martinho–. "¡Cinco contos!", he ahí el título pomposo que en elocuentes y gigantescas cifras encabeza esta obra inmortal que vale más que la *Ilíada* de Camões.

–Y que *Los Lusiadas* de Homero, ¿no es así, Martinho?[5] Déjate de preámbulos estúpidos y vamos al anuncio.

–Con mucho gusto –dijo Martinho y continuó leyendo–: "Huyó de la hacienda del señor Leoncio Gomes de Fonseca, en el municipio de Campos, provincia de Río de Janeiro, una esclava nombrada Isaura, cuyas señales son las siguientes: color claro y tez delicada como la de cualquier blanca; ojos negros y grandes; cabellos del mismo color, largos y ligeramente ondeados; boca pequeña, rosada y bien trazada, dientes blancos y parejos; nariz bien perfilada; cintura delgada, talle esbelto y estatura mediana; tiene en la mejilla izquierda una pequeña mancha negra y sobre el seno derecho una marca de quemadura muy semejante a un ala de mariposa. Se viste con gusto y elegancia, canta y toca el piano a la perfección. Como recibió excelente educación y tiene buena figura, puede pasar en cualquier parte por una señora libre y de la buena sociedad. Huyó en compañía de un portugués llamado Miguel, que dice ser su padre. Es natural que se hayan cambiado

---

[5] Aquí la transposición de autores pretende mostrar la poca cultura literaria de Martinho.

el nombre. Quien la capture y lleve a su mencionado señor, además de pagársele todos los gastos, recibirá la gratificación de 5:000$000–."

–¿De veras, Martinho –exclamó uno de los oyentes–: ¡está ahí en ese papel lo que acabo de oír? ¡Acabas de pintarnos el retrato de Venus y nos dices que es una esclava fugitiva!…

–Si todavía no me creen, léanlo ustedes mismo, aquí está el papel…

–¡En efecto! –añadió otro–. A una esclava como esa merece la pena capturarla, más por lo que vale en sí que por los cincos contos. Si yo la agarro, no tendría ningunas ganas de entregársela a su señor.

–Ya no me sorprende que Martinho la busque aquí; una criatura tan perfecta sólo se puede encontrar en los palacios de los príncipes.

–O en el reino de las hadas; y por las señales e indicios estoy viendo que no puede ser otra que esa nueva divinidad aparecida hoy…

–Ni más ni menos, diste en el blanco –interrumpió Martinho, y llamándolos a la puerta–: Vengan acá –prosiguió–, y observen aquella bonita muchacha que baila de pareja con Álvaro. ¡Pobre Álvaro, qué orgulloso se siente! Si supiera con quién baila, se le caería la cara de vergüenza. Fíjense bien, señores, ¿acaso no concuerdan perfectamente las señales?

–¡Perfectamente! –replicó uno de los jóvenes–. ¡Es extraordinario! Le estoy viendo la marquita en la mejilla izquierda, que, por cierto, le da infinita gracia. Si tuviese el ala de mariposa sobre el seno, no podría haber más dudas. ¡Cielos! ¿Es posible que una mujer tan linda sea una esclava?

—¿Y que tenga la audacia de presentarse en un baile de éstos? —agregó otro—. Aún no puedo comprenderlo.

—Pues para mí —dijo Martinho— el asunto está claro, tanto como los cinco contos, que me parecen estar sonando ya en mi bolsillo; y hasta luego, amigos.

Y diciendo esto, dobló cuidadosamente el anuncio, lo guardó en su bolsillo y, frotándose las manos con cínica satisfacción, cogió su sombrero y se marchó.

—¡Qué tipo tan miserable! —dijo uno de los muchachos—. ¡Qué sed de oro tan mezquina la de este Martinho! Por lo que veo, es capaz de hacer prender a esa joven aquí mismo en pleno baile.

—Por cinco contos sería capaz de todas las infamias del mundo. Una criatura tan vil es una mácula para la clase a que pertenecemos; debemos conspirar todos para expulsarlo de la Academia. ¡Cinco contos daría yo por ser esclavo de esa rara hermosura!

—¡Es asombroso! ¡Quién diría que debajo de aquella figura de ángel se oculta una esclava fugitiva!

—¿Y también quién nos dice que en el cuerpo de la esclava no se encuentra escondida un alma de ángel?…

Capítulo XIV

Había terminado la cuadrilla. Álvaro, ufano y lleno de júbilo, conducía a su hermosa pareja a través de la multitud, entre una viva fusilería de miradas de envidia y de admiración que se cruzaban a su paso; con el pretexto de ofrecerle algún refresco, la fue llevando hacia una sala del fondo, que se hallaba casi desierta. Hasta entonces él no le había hecho a Elvira una declaración de amor en términos concretos, si bien ese amor se estuviese revelando a cada instante, y cada vez más ardiente y apasionado, en sus ojos, en sus palabras, en todos sus gestos y acciones. Álvaro pensaba que ya conocía plenamente el corazón de su amada, y en los dos meses en que la había estudiado, no había descubierto en ella más que nuevos encantos y perfecciones. Estaba completamente convencido de que de todas las bellezas que había conocido, Elvira era en todo sentido la más digna de su amor y ya no dudaba ni siquiera levemente de la pureza de su alma, de la sinceridad de su afecto. Pensaba, por tanto, que sin temor alguno de comprometer su futuro, podía abandonar el corazón al imperio de aquella pasión que ya no podía dominar. En cuanto al origen y procedencia de Elvira, era algo que no le preocupaba y que nunca trató de investigar. La diferencia de clases se oponía a sus principios y sentimientos filantrópicos. Que ella fuese una princesa a quien el destino obligaba a andar huyendo o que hubiese nacido en la cuna de paja de algún humilde pescador, eso le era indiferente. La conocía en sí misma, sabía que era una de las criaturas más perfectas y adorables que se puede encontrar sobre la Tierra y eso le bastaba.

Como ya sabemos, Álvaro observaba en sus costumbres la severidad de un cuáquero, y era incapaz de abusar del amor que había inspirado a la hermosa desconocida, alimentando en su espíritu un pensamiento de seducción.

Aquella noche, pues, el apasionado joven, rendido y deslumbrado más que nunca por los nuevos encantos y atractivos de que Elvira hacía gala entre los esplendores del baile, no pudo y no quiso dilatar por más tiempo la declaración que a cada instante le ardía en los ojos y le rondaba los labios, y tan pronto como encontró un sitio donde sólo ella pudiese oírlo:

–Doña Elvira –le dijo con voz grave y conmovida–, si usted es un ángel en su casa, en los salones de baile es una diosa. Mi corazón le pertenece hace mucho; siento que mi destino en lo sucesivo solamente dependerá de usted. Funesta o propicia, usted será siempre mi estrella en los caminos de la vida. Creo que me conoce bastante para creer en la sinceridad de mis palabras. Soy dueño de una fortuna considerable; ocupo una posición honrosa y respetable en la sociedad, pero nunca podría ser feliz si usted no acepta compartir conmigo esos bienes que la fortuna me ha otorgado.

Estas palabras de Álvaro, tan dulces, tan imbuidas del más sincero y profundo amor, que en otras condiciones hubiesen caído como un bálsamo celestial sobre el corazón de Isaura bañándolo con sublimes efluvios de dicha, eran ahora para ella como un doloroso y atroz sarcasmo del destino, un himno del cielo escuchado entre las torturas del infierno. Veía de un lado a un ángel que, tomándola de la mano con una suave sonrisa, le mostraba un edén de delicias al cual trataba de conducirla; mientras que, del otro lado, la hedionda figura de un demonio le ataba al pie un macizo grillete y con todo su peso la arrastraba hacia un abismo de eternos sufrimientos.

Es que la pobre Isaura, llena de temor y desconfianza, había notado durante una pausa los movimientos del infame Martinho, cuando recostado cerca del umbral de la saleta, papel en mano, parecía examinarla con la más minuciosa atención. Aquello produjo en ella el efecto de un rayo; ya no dudó de que había sido descubierta y que se hallaba irremisiblemente perdida para siempre. Un vértigo súbito le nubló la vista, le pareció que el piso se hundía debajo de sus pies y que un barranco inmensurable la tragaba. Para no caerse, tuvo que agarrarse fuertemente con ambas manos del brazo de Álvaro, recostándose en su pecho.

—¿Qué le ocurre, señora mía? —le preguntó éste asustado—. ¿Se siente mal?

—Un poco —respondió Elvira con voz desfallecida y jadeante y, reanimándose poco a poco añadió—: Fue un dolor agudo…, una punzada aquí…, pero ya está pasando… No estoy acostumbrada a esta sofocación. Las volteretas del baile me han hecho daño.

–Pronto se acostumbrará –replicó Álvaro, apretando una de sus manos y sujetándola con un brazo por la cintura–. Usted nació para brillar en los salones…, pero si quiere marcharse…

–No, señor, continuemos, ya estamos en el final…

Con estas respuestas evasivas, Álvaro se tranquilizó y a causa de los movimientos rápidos de la cuadrilla en los giros finales, no pudo notar la extrema palidez y la profunda alteración de las facciones de Elvira. La infeliz ya no bailaba, se arrastraba automáticamente por la sala; su espíritu no estaba allí, no oía ni veía otra cosa que la figura repugnante de Martinho, parada como una esfinge amenazadora junto a la puerta de la saleta, y que ella miraba de vez en cuando con ansiedad y temor. Y toda la sangre se le agolpaba en el corazón, que le temblaba como el de la paloma que siente sobre su cuello la garra despiadada del gavilán.

En tal estado de susto y consternación, Isaura no atinaba con lo que debía responder a aquella tan sincera y apasionada declaración del joven. Guardó silencio por algunos instantes, lo que Álvaro interpretó como timidez o emoción.

–¿No me quiere responder? –prosiguió con voz dulce–. Una sola palabra bastaría…

–¡Ah, señor! –murmuró ella suspirando–, ¿qué puedo yo responder a las dulces palabras que acabo de oír de su boca? Ellas me encantan, pero…

Elvira se interrumpió bruscamente; un súbito estremecimiento que agitó el brazo de Álvaro lo hizo mirarla con sobresalto e inquietud.

–¡Es él!… –esta frase se escapó de sus labios con un gemido ronco y convulso; acababa de avistar a Martinho entrando en la sala donde se hallaban, y sintió un mortal escalofrío recorrerle todo el cuerpo.

–Discúlpeme, señor –continuó ella–, en este momento no me es posible escuchar sus dulces palabras; me siento mal, necesito marcharme. Si usted tuviese la bondad de llevarme junto a mi padre…

–¿Por qué no, doña Elvira?… Pero, ¡oh!…, ¡qué pálida está!… ¿Se siente muy mal, verdad?… ¿Quiere que yo la acompañe?…, ¿Que llame a un médico?… Aquí hay algunos…

–Gracias, señor Álvaro, no se inquiete; no es más que un malestar pasajero, cansancio tal vez. En cuanto llegue a mi casa me sentiré bien.

–¿Pero va a retirarse sin siquiera decirme una palabra de consuelo y de esperanza?…

–De consuelo quizás, pero de esperanza…

–¿Por qué no?

–Si ni yo misma puedo tenerla…

–Entonces no me ama…

–Lo amo mucho.

—Entonces será mía.

—Eso es imposible…

—¡Imposible!… ¿Qué obstáculo puede haber?…

—No sé cómo contarle, señor, mi desgracia.

Esta amorosa confidencia en el momento en que alcanzaba su punto más interesante fue bruscamente interrumpida por la presencia de Martinho, que se les atravesó delante haciendo una profunda reverencia. Álvaro, indignado, frunció el ceño y estuvo a punto de expulsar de allí al intruso, como quien expulsa a un perro. Elvira se quedó petrificada de espanto.

—Señor Álvaro —le dijo respetuosamente Martinho—, con permiso de Su Merced, necesito decirle dos palabras a esta señora a quien usted da el brazo.

—¡A esta señora! —exclamó sorprendido el joven—. ¿Qué tiene usted que ver con esta señora?

—Se trata de un asunto de suma importancia; ella lo sabe bien, mejor que yo y que el señor.

Álvaro, quien conocía bien a Martinho y su condición abyecta y despreciable, creyendo que se trataba de una maniobra de algún rival envidioso y cobarde que se servía de aquel miserable para ultrajarlo o ponerlo en ridículo, tuvo un asomo de indignación, pero se contuvo por un momento:

—¿Tiene usted, señora, algo que hablar con este hombre? —preguntó a Elvira.

—¡¿Yo?!… Nada, por cierto ni siquiera lo conozco –balbuceó ella, pálida y temblorosa.

—¡Pero, Dios mío! Doña Elvira, ¿por qué tiembla así?… ¡Maldito importuno que la hace sufrir tanto!… ¡Oh!, por el cielo, doña Elvira, no se asuste de esa manera. Yo estoy a su lado y ay de aquel que ose ultrajarnos.

—Nadie quiere ultrajarlos, señor Álvaro –respondió Martinho–, pero el asunto es más serio de lo que el señor se imagina.

—En fin, señor Martinho, déjese de rodeos y díganos aquí mismo qué quiere usted con esta señora.

—Puedo decirlo, pero sería mejor que Su Merced lo ignorase.

—¡Oh, tenemos misterio!… Pues en ese caso le declaro que no abandonaré a esta señora ni un solo instante, y si el señor no quiere decir a lo que vino, puede retirarse.

—Eso sí que no, pues no estoy dispuesto a perder mi tiempo, ni mi trabajo…, ni mis cinco contos –estas últimas palabras las murmuró entre dientes.

—Señor Martinho, por favor, no abuse más de mi paciencia. Si no quiere decir a lo que vino, aléjese de mi presencia.

—¡Oh, señor! –replicó Martinho sin perturbarse–. ¡Ya que a ello me obliga cumpliré su voluntad, y con bastante pesar he de informarle que esa señora a quien lleva del brazo es una esclava fugitiva!…

Álvaro, a pesar de conocer la villanía y bajeza de carácter de Martinho, en el primer momento se quedó petrificado al oír aquella súbita e imprevista delación. No podía darle crédito y, reflexionando un instante, confirmó más su idea de que todo no era más que una farsa concebida por algún indigno rival con la finalidad de disgustarlo o insultarlo. La persona de Martinho, que no pocas veces, en calidad de truhán o de payaso, servía de instrumento a las venganzas y pasiones mezquinas de seres tan infames como él, contribuía a justificar la desconfianza de Álvaro, que acabó por no sentir sino asco e indignación por tan infame procedimiento.

–Señor Martinho –exclamó él con voz severa–, si alguien le pagó para venir a molestarnos a esta señora y a mí, dígame cuánto le paga, que yo le daré el doble para que nos deje en paz.

Ante esta dura afrenta, la larga e imprudente cara de Martinho no se alteró en lo más mínimo, y por única respuesta:

–Vuelvo a repetir –gritó con todo descaro y en voz bien alta, para que todos lo oyeran–: ¡esta señora es una esclava fugitiva y yo estoy encargado de aprehenderla y entregarla a su señor!

Entretanto, Isaura, al ver a su padre, que también la buscaba por todas partes con la mirada, soltando el brazo de Álvaro corrió junto a él, se arrojó en sus brazos y ocultando el rostro en su pecho:

–¡Qué vergüenza, padre! –exclamó con voz apagada y sollozante–. ¡Ya me lo presentía!...

–Este hombre, si no es un insolente, o está loco o ha bebido demasiado –gritaba Álvaro lívido de cólera–. En cualquier caso, debe ser expulsado como indigno de esta sociedad.

Ya algunos amigos de Álvaro, agarrando a Martinho por el brazo, se disponían a echarlo fuera como a un ebrio o un demente.

–¡Despacio, amigos, despacio!... –les dijo él con toda calma–. No me condenen sin oírme primero. Escuchen antes este anuncio que voy a leerles, y si no fuese verdad lo que les digo, consentiré en que me escupan a la cara y arrojen por la ventana...

El pequeño altercado comenzaba a atraer la atención general, y numerosos grupos de curiosos se apretujaban alrededor de los contendientes. La frase fatal –"¡Esta señora es una esclava!"– proferida en voz alta por Martinho, transmitida de grupo en grupo, de oído en oído, ya había circulado con increíble celeridad por todas las salas y rincones del espacioso edificio. Un susurro general se propagaba por todas partes, y damas y caballeros, y todo el que allí se encontraba, incluidos los músicos, porteros y criados, atropellándose unos a otros, corrían presurosos hacia la sala donde tenía lugar el singular incidente que estamos relatando. La sala estaba literalmente atiborrada de gente, que aguzaba el oído y alargaba el pescuezo lo más que podía para ver y oír lo que pasaba.

Fue en medio de esa multitud silenciosa, inmóvil, estupefacta y anhelante que Martinho, sacando tranquilamente del bolsillo el anuncio que ya conocemos, lo desdobló ante sus ojos y con voz bien alta y sonora lo leyó de principio a fin.

—Es obvio —continuó él después de finalizada la lectura— que las señales concuerdan perfectamente y sólo un ciego no verá en esta señora la esclava del anuncio. Mas para eliminar cualquier duda, sólo falta comprobar si ella posee la tal marca de quemadura sobre el seno, lo cual es algo que podríamos averiguar ahora mismo con licencia de la señora.

Diciendo esto, Martinho se dirigió hacia Isaura con impúdico desenfado.

—¡Alto ahí, vil esbirro!..., —gritó Álvaro con fuerza y, agarrando a Martinho por el brazo lo arrojó lejos de Isaura, y lo hubiese lanzado al piso si aquél no hubiese tropezado con el grupo que cada vez se apretujaba más alrededor de ellos—. ¡Alto ahí! ¡Basta de atrevimientos! Esclava o no, tú no le pondrás encima tus manos inmundas.

Aniquilada de dolor y de vergüenza, Isaura, levantando al fin el rostro que hasta entonces ocultaba en el pecho de su padre, se volvió a los circunstantes y apretándose las manos temblorosas en un gesto de violenta agitación:

—No es preciso que me toquen —exclamó con voz angustiada—. ¡Señoras y señores míos, perdón! ¡Cometí una infamia, una indignidad imperdonable!... Pero Dios es testigo de que una cruel fatalidad me obligó a ello. Señores, lo que ese hombre dice, es verdad. ¡Yo soy... una esclava!...

El rostro de la cautiva se cubrió de una palidez cadavérica, como un lirio segado le cayó la frente sobre el seno, el donoso cuerpo se desmoronó como una bella estatua de mármol que el huracán arranca del pedestal; y se hubiera desplomado al suelo si los brazos de Álvaro y de Miguel no la hubiesen sujetado rápidamente, impidiendo la caída.

¡Una esclava!... Estas palabras, sollozadas en el pecho de Isaura como el estertor de la agonía, murmuradas de boca en boca por la multitud estupefacta, resonaron largo tiempo por los vastos salones como el rugir siniestro de los ventarrones de la noche por las ramas de la fúnebre arboleda.

Este extraño incidente produjo en la velada el mismo efecto que haría en un campamento la explosión de un depósito de pólvora; en los primeros instantes, susto, asombro y una especie de estertor de angustias; después, agitación, alarma, movimiento y alarido.

Álvaro y Miguel condujeron a Isaura desfallecida al *boudoir* de las damas y allí, ayudados por algunas señoras compasivas, le prestaron los auxilios que el caso exigía y no la abandonaron mientras no recobró completamente los sentidos. Martinho, inquieto y desconfiado, los seguía y espiaba desde muy cerca, temeroso de que le robasen la presa.

Es imposible describir el alboroto que se armó, la agitación que inundó todos los espíritus y las diversas y opuestas impresiones que produjo en los ánimos aquella inesperada revelación.

Con qué cara se quedarían tantas bellezas de primer orden, tantas damas de las más distinguidas jerarquías sociales, al saber que aquella que las había suplantado a todas en hermosura, donaire, talento y gracia del espíritu no era más que una esclava, yo mismo no sé decirlo. ¡Que los lectores se lo imaginen! Sin embargo, en muchas de ellas la cruel desilusión por la que acababan de pasar se mezclaba con una cierta alegría íntima, sobre todo en aquellas que se sentían enfadadas por las deferencias y homenajes que determinados caballeros, llevados por el entusiasmo, habían rendido abiertamente a la gentil desconocida. Estaban humilladas, pero también vengadas. En cuanto a las que tenían esperanzas o pretensiones por el amor de Álvaro –y no eran pocas–, ésas se llenaron de júbilo al conocer el caso y el pobre joven se convirtió en el blanco de mil despiadados apodos y burlas.

–¿Qué me dicen del esclavo de la esclava? –decían ellas–, ¡con qué cara se quedaría el pobre!…

–Con la misma. Seguro que la libera y se casa con ella. Ese es un loco capaz de cualquier tontería.

–¡Vaya! ¡Vaya! Tendrá al mismo tiempo mujer y quizás una buena cocinera…

¡Triste consuelo!, el estigma del cautiverio no podía borrar en la bella frente de Isaura, sino que lo realzaba, el sello de superioridad que el soplo divino había grabado en ella con caracteres indelebles.

Entre los mozos la impresión era muy diferente. Pocos, muy pocos, dejaban de sentir un vivo interés y compasión por la suerte de la infeliz y hermosa esclava. Por todos los rincones se hablaba y discutía con calor lo ocurrido. Algunos, a pesar de la evidencia de los indicios y de la confesión de Isaura, aún dudaban de la verdad que tenían delante de los ojos.

–No, esa mujer no puede ser una esclava –decían ellos–, aquí hay un misterio que algún día se descubrirá.

–¿Qué misterio?, el caso está claro y ella misma lo confesó. ¿Pero quién será ese bruto y desalmado señor que mantiene cautiva a una criatura tan linda?

–Debe de ser algún necio de alma estúpida y sórdida.

–O algún sultancillo de buen gusto que la quiere para su harén.

–De cualquier modo, hay que obligar a ese bruto a que le dé la libertad. ¡En la casa de esclavos una mujer que merecía sentarse en un trono!…

–¡También sólo el infame de Martinho, con su satánico instinto de codicia, podría olfatear a una esclava en la persona de ese ángel! ¡Qué sinvergüenza! ¡Si lo tuviera ahora aquí sería capaz de estrangularlo!

Mientras, Martinho, que previamente había conseguido una orden de arresto y se hacía acompañar por un funcionario de la justicia, exigía terminantemente que se le entregara a Isaura. Pero Álvaro, valiéndose del respeto y prestigio de que gozaba, se opuso decididamente a esta exigencia, y tomando como testigos a las personas que allí se encontraban se constituyó en garante de la cautiva, comprometiéndose a entregarla a su señor o a quien por orden de éste la reclamase. Martinho insistió en vano; una multitud de voces que le gritaban y lo cubrían de injurias, lo obligó a callarse y a desistir de su pretensión.

–¡Ah, malditos!, ¡me quieren robar! –vociferaba Martinho como un poseído–. ¡Mis cinco contos!, ¡mis cinco contos! ¡Se me han evaporado de las manos!

Y diciendo esto buscó la escalera y saltando los peldaños de dos en dos o de tres en tres, salió rugiendo por la puerta.

Capítulo XV

Ya ha pasado cerca de un mes desde los acontecimientos que acabamos de narrar. Isaura y Miguel, gracias a la valiosa intervención de Álvaro, continúan habitando en la pequeña granja del barrio de San Antonio. Al no poder ya pensar en huir lejos para ocultarse, permanecen allí por consejo de su protector, esperando el resultado de las gestiones que éste se había comprometido a hacer a favor de ellos, aunque en la más angustiante inquietud, teniendo sobre sus cabezas, como Damocles, una aguda espada suspensa en un hilo.

Álvaro va casi todos los días a la casa de los fugitivos y allí pasa largas horas conversando con ellos sobre los medios de obtener la libertad de su protegida y tratando de confortarlos con la esperanza de un mejor destino.

Para enterarnos de lo ocurrido desde la fatal noche del baile, oigamos la conversación que tuvo lugar en casa de Isaura entre Álvaro y su amigo, el doctor Geraldo.

Este, en la misma mañana siguiente a la noche del baile, había salido de Recife y partido hacia una villa del interior, donde había sido llamado para encargarse de una causa importante. De regreso a la capital al cabo de un mes, uno de sus primeros cuidados fue buscar a Álvaro, no sólo llevado por la amistad sino también estimulado por la curiosidad de conocer el desenlace que había tenido la singular aventura del baile. Al no encontrarlo en su casa las dos o tres veces que fue a buscarlo allí, supuso que el sitio más probable donde hallarlo sería en casa de Isaura, si es que ella aún se hallaba en Recife residiendo en la misma granja; y no se equivocó.

Álvaro, al reconocer la voz de su amigo, que desde la puerta del jardín preguntaba por él, salió a su encuentro; pero antes de eso, asegurándole a los dueños de la casa que la persona que lo buscaba era un amigo íntimo en quien depositaba toda confianza, les pidió permiso para dejarlo entrar.

Geraldo fue introducido en una salita del frente. Aunque poco espaciosa y amueblada con la mayor sencillez, esta salita era tan fresca y perfumada, estaba tan llena de flores desde la puerta de entrada, lo mismo que las ventanas, todas adornadas con ramos y guirnaldas, que parecía más un emparrado del jardín o una gruta llena de verdor. Casi toda la luz le llegaba del fondo a través de una ancha puerta que daba a un balcón abierto hacia el mar. Desde allí la mirada, desfilando entre los troncos de los cocoteros que derramaban su sombra y frescura alrededor de la casa, se deslizaba por la superficie del océano e iba a embeberse en la profundidad de un cielo límpido y lleno de fulgores.

Miguel e Isaura, después de saludar al visitante y de intercambiar con él algunas palabras de pura cortesía, presumiendo que querían estar solos, se retiraron discretamente hacia el interior de la casa.

—En verdad, Álvaro —dijo el doctor con una sonrisa—, esta casa es deliciosa y no me sorprende que te guste pasar aquí una gran parte de tu tiempo. Parece la gruta misteriosa de un hada. Es una pena que un maldito nigromante haya roto de pronto el encanto de tu hada, transformándola en una simple esclava.

—¡Ah!, no bromees, doctor; aquella escena extraordinaria produjo en mi espíritu la más extraña y dolorosa impresión, aunque te confieso francamente que no alteró más que por algunos instantes la naturaleza de mis sentimientos hacia esta mujer.

—¿Qué dices?..., ¡¿a tal punto llegará tu excentricidad!?

—¿Qué quieres que haga?, la naturaleza me hizo así. En los primeros momentos, la vergüenza e incluso una especie de rabia me cegaron. ¡Qué triste y dolorosa decepción! Vi en un instante desmoronarse y deshacerse en lodo el brillante castillo que mi imaginación había erigido con tanto amor... ¡Una esclava engañándome por tanto tiempo, vejándome y exponiéndome ante la sociedad a la más humillante irrisión! ¡Imagínate qué confuso y turbado me sentí delante de aquellas ilustres damas, entre las cuales había paseado a una esclava en pleno baile, en el seno de la más distinguida y brillante sociedad!...

—Y lo que es más —añadió Geraldo..., una esclava que las opacaba a todas con su rara hermosura y sus deslumbrantes atributos. Ni a propósito podrías haberles preparado una humillación más tremenda. Es un crimen que nunca te perdonarán, aunque sepan que también tú estabas engañado.

—Pues bien, Geraldo, yo, que en aquel momento, desairado y confuso, no sabía dónde esconder la cara, hoy me río y me aplaudo por haber dado lugar a semejante aventura. Parece que Dios, con toda intención, preparó aquella interesante velada para mostrar de forma palpitante cuán vana y ridícula resulta toda distinción que provenga del nacimiento y de la riqueza; para humillar hasta el polvo de la tierra el orgullo y la fatuidad de los grandes, y para exaltar y ennoblecer a los humildes de nacimiento, mostrando que una esclava puede valer más que una duquesa. Aquella primera y desagradable impresión duró poco. Muy pronto la compasión, la curiosidad, el interés que despierta el infortunio cuando se proyecta una persona así, y tal vez también el amor, que ni con ese estruendoso escándalo pudo extinguirse en mi corazón, me hicieron olvidar todo y decidí proteger francamente y a toda costa a la hermosa cautiva. Tan pronto como logré que Isaura recobrara el sentido y la vi fuera de peligro, corrí a casa del jefe de la policía, y exponiéndole el caso, gracias a las relaciones de amistad que con él tengo, obtuve permiso para que Isaura y su padre —porque debes saber que él es realmente su padre— pudiesen retirarse libremente a su casa, quedando yo como garante de que no desaparecerían, y así se hizo a pesar de los berridos de Martinho, que insistía en no perder su presa. No obstante, al día siguiente por la mañana, el propio jefe, considerando la gravedad y la importancia de la cuestión, quiso que ella fuese conducida a su presencia para interrogarla y comprobar la identidad personal.

Me encargué de llevarla. ¡Oh!, ¡si la hubieses visto!... A través de las lágrimas que le arrancaba su cruel situación, se translucía con todo su brillo la dignidad humana. Nada había en ella que denunciase la abyección del esclavo o que no revelase el candor y nobleza de su alma. Era el ángel del dolor desterrado del cielo y arrastrado ante los tribunales humanos. Llegué a dudar todavía de la cruel realidad. El jefe de la policía, lleno de respeto y admiración ante tan gentil y noble figura, la trató con toda amabilidad y la interrogó con suavidad y cortesía. Transida de rubor y vergüenza, lo confesó todo con la ingenuidad de un alma pura. Había huido en compañía de su padre para escapar del amor de un señor depravado, libidinoso y cruel que valiéndose de violencias y tormentos trataba de obligarla a satisfacer sus brutales deseos. Pero Isaura, a quien una naturaleza privilegiada secundada por la más fina y esmerada educación inspiraba desde la infancia el sentimiento de la dignidad del pudor, rechazó con energía heroica todas las seducciones y amenazas de su indigno señor. En fin, amenazada por los más oprobiosos y bárbaros tratamientos, que ya comenzaban a traducirse en vías de hecho, tomó la decisión extrema de huir, la única que le quedaba.

—El motivo de la fuga, Álvaro, de ser verdadero, es el más honroso posible para ella y la convierte en una heroína, pero... en fin de cuentas ella no deja de ser una esclava fugitiva.

—Y por eso mismo es más digna de interés y compasión. Isaura me ha contado toda su vida y, según creo, puede alegar o tal vez probar su derecho a la libertad. Su señora antigua, madre del actual señor, la cual la crió con cariño y a quien ella debe la excelente educación que tiene, declaró en varias ocasiones delante de testigos que a su muerte la dejaría libre; la muerte súbita e inesperada de esta señora, que falleció sin testamento, es la causa de que Isaura se encuentre aún entre las garras del más corrompido e infame de los señores.

—¿Y ahora qué pretendes hacer?...

—Pretendo reclamar que Isaura se mantenga en libertad y que le sea nombrado un curador que se ocupe de gestionar su derecho.

—¿Y dónde esperar encontrar pruebas o documentos para demostrar los argumentos que esgrimes?

—No sé, Geraldo, quería consultarte y te esperaba con impaciencia precisamente con ese fin. Quiero que con tu ciencia jurídica me ayudes e inspires en este asunto. Ya eché mano al primer y más obvio recurso que se me ofrecía y al día siguiente del baile escribí al señor de Isaura con las palabras más comedidas y persuasivas que encontré, invitándolo a que pusiera precio a su libertad. Fue peor, el libidinoso y celoso rajá se enfureció y me envió en respuesta esta carta insolente que acabo de recibir, donde me llama seductor y encubridor de esclavas ajenas y amenaza con recurrir a los medios legales para recuperarla.

—Es muy tonto y descortés ese sultancillo —dijo Geraldo después de leer rápidamente la carta que Álvaro le entregó—, pero lo cierto es que, dejando a un lado la insolencia...

—Por la cual deberá darme una total y solemne satisfacción, te lo aseguro.

—Dejando a un lado la insolencia, si no cuentas con nada contundente que presentar a favor de la libertad de tu protegida, él tiene el incuestionable derecho de reclamar y aprehender a su esclava dondequiera que ésta se encuentre.

—Infame y cruel derecho es ése, mí querido Geraldo. Ya constituye un escarnio dar el nombre de derecho a una institución bárbara, contra la cual protestan fuertemente la civilización, la moral y la religión. Sin embargo, que la sociedad tolere que un señor tirano y brutal, llevado por motivos infames y vergonzosos, tenga el derecho de torturar a una frágil e inocente criatura sólo porque ella tuvo la desdicha de nacer esclava, es el colmo de la maldad y de la abominación.

—No es tan así, mi querido Álvaro; esos excesos y abusos deben evitarse, pero ¿cómo podrá la justicia o el poder público inmiscuirse en el interior del hogar doméstico e interferir en el gobierno de la casa de un ciudadano? ¿Qué abominables y abyectos misterios, motivados por la esclavitud, no ocurren en esos ingenios y haciendas sin que, ya no digo la justicia, ni siquiera los vecinos, tengan conocimiento de ellos?... Mientras exista la esclavitud sucederán casos como ése. Una institución mala ocasiona una infinidad de abusos, que sólo podrán extinguirse cortándose el mal de raíz.

—Desgraciadamente es así, pero si la sociedad abandona de forma inhumana a esas víctimas al furor de sus verdugos, todavía hay en el mundo almas generosas que se ocupan de protegerlas o de vengarlas. En cuanto a mí, Geraldo, mientras en mi pecho palpite un corazón, te aseguro que he de luchar contra la esclavitud de Isaura con todas mis fuerzas y espero que Dios me ayude en tan justa y santa causa.

—Por lo que veo, Álvaro, no procedes así sólo por espíritu de filantropía, sino porque aún amas mucho a esa esclava.

—Tú lo has dicho, Geraldo, la amo y la amaré siempre, no haré de eso un misterio. ¿Y acaso es algo extraño o vergonzoso amar a una esclava? El patriarca Abraham amó a su esclava Agar y por ella abandonó a Sara, su mujer. La humildad de su condición no puede despojar a Isaura de la cándida y brillante aureola con que la he visto y la veo aún hoy rodeada. La belleza y la inocencia son astros que refulgen más cuando se ven sumidos en la profunda oscuridad del infortunio.

—Tu filosofía es bella y digna de tu noble corazón, pero ¿qué quieres? Las leyes civiles, las convenciones sociales, son obras del hombre, imperfectas, injustas y muchas veces crueles. El ángel padece y gime el yugo de la esclavitud y el demonio se eleva a la cima de la fortuna y el poder.

—Así es —exclamó Álvaro con desaliento—, pero ¿no hay en esas terribles leyes ningún medio de salvar a esa inocente víctima de las garras del verdugo?

—Ninguno, Álvaro, mientras no tengas alguna prueba que aducir a favor del derecho de tu protegida. La ley sólo ve en el esclavo la propiedad y casi que prescinde enteramente de su naturaleza humana. El señor tiene el absoluto derecho de propiedad sobre el esclavo y únicamente puede perderlo si lo emancipa o lo cede de alguna forma, o si a través de un litigio se prueba su libertad, pero no por infamias que cometa o por cualquier otro motivo análogo.

—Esas leyes vuestras no son más que miserables y estúpidos papeluchos. Para ignorar la buena fe, proteger el fraude, engañar la ignorancia, defraudar al pobre y favorecer la usura y la rapacidad de los ricos, las leyes son fecundas en recursos y estratagemas de toda especie. Pero cuando se trata de un fin humanitario, cuando se trata de proteger la inocencia desvalida contra la prepotencia, de amparar el infortunio contra una injusta persecución, entonces o son mudas o son crueles. Pero a pesar de ellas emplearé todos los medios a mi alcance para liberar a la infeliz del afrentoso yugo que la oprime. Para tal empresa me alienta no ya solamente un impulso de generosidad, sino también el más puro y ardiente amor, sin vergüenza lo confieso.

El amigo de Álvaro se estremeció al oír esta declaración, tan franca y proclamada con un lenguaje tan exaltado y entusiasta que le pareció un deplorable desvarío de la imaginación.

—Nunca pensé —replicó con gravedad— que la vehemencia de tu excéntrico y desdichado amor llegase hasta tal punto. Que por un impulso de humanidad procures proteger a una esclava desvalida, es algo muy digno y natural. El resto no pasa de ser el delirio de una imaginación excitada y romántica. ¿Será airoso y digno de la posición que ocupas en la sociedad el dejarte dominar por una posición violenta hacia una esclava?

—¡Esclava! —exclamó Álvaro cada vez más exaltado—, eso no pasa de ser un nombre vano que nada expresa, o que expresa una mentira. Pureza de ángel, hermosura de hada, ¡he ahí la realidad! ¿Acaso puede un hombre o la sociedad entera contrariar la obra del Creador y transformar en una vil esclava al ángel que sobre la Tierra cayó de las manos de Dios?…

—Pero por una triste fatalidad el ángel cayó del cielo en el lodazal de la esclavitud y nadie, a los ojos del mundo, lo podrá purificar de ese estigma que le mancha las alas. Álvaro, la vida social está totalmente regida por fuerzas inexorables ante las cuales es forzoso inclinarnos, so pena de golpearnos la frente con algún obstáculo que nos haga caer. Quien no respete las convenciones e incluso los prejuicios sociales, se arriesga a caer en el descrédito o en el ridículo.

—La esclavitud es en sí misma una indignidad, una úlcera hedionda en la faz de la nación, que la tolera y protege. Por mi parte, no veo ninguna razón para llevar hasta ese extremo el respeto por un prejuicio absurdo, resultante de un abuso que nos deshonra a los ojos del mundo civilizado. Sea yo entonces el primero en dar ese noble ejemplo, que tal vez será iluminado. Sirva él al menos de protesta enérgica y solemne contra una bárbara y vergonzosa institución.

—Eres rico, Álvaro, y la riqueza te da bastante independencia para poder satisfacer tus sueños filantrópicos y los caprichos de tu imaginación romántica. Pero tu riqueza, por grande que sea, nunca podría reformar los prejuicios del mundo, ni hacer que esa esclava, a la cual según todas las apariencias quieres unir tu destino, sea considerada y admitida en los círculos de la alta sociedad…

—¿Y qué me importan los círculos de la alta sociedad una vez que seamos bien acogidos por las personas sensatas y de buen corazón? Además, te equivocas completamente, Geraldo. El mundo corteja siempre el dinero, dondequiera que él se encuentre. El oro tiene un brillo que deslumbra y apaga totalmente esas pretendidas manchas de nacimiento. Te aseguro que nunca nos faltarán el respeto y la consideración social, mientras no nos falte el dinero.

–Pero Álvaro, olvidas algo esencial... ¿Y si no te fuese posible obtener la libertad de tu protegida?...

Álvaro palideció al escuchar esta pregunta y oprimido por la idea de tan cruel como posible alternativa, sin responder una palabra miraba tristemente hacia el horizonte, cuando su cochero, que se hallaba parado con su calesa junto a la puerta del jardín, vino a anunciarle que algunas personas lo buscaban y deseaban hablar con él o con el dueño de la casa.

–¡A mí! –murmuró Álvaro–, ¿acaso estoy en mi casa?... Pero como también buscan al dueño de ésta... hágalos entrar.

–Álvaro –dijo Geraldo atisbando por una ventana–, si no me equivoco, es gente de la policía; me parece que veo allí a un oficial de justicia. ¿Tendremos otra escena igual a la del baile?

–¡Imposible!..., ¿con qué derecho van a venir a quitarme el encargo sagrado que la propia policía me confió?...

–No te fíes de eso. La justicia es una diosa muy voluble y fértil en patrañas. Hoy puede deshacer lo que ayer hizo...

Capítulo XVI

Martinho, en cuanto salió del baile en que vio malograda su tentativa de aprehender a Isaura, escribió al señor de ella una larga y minuciosa carta donde le comunicaba que había tenido la suerte de descubrir a la esclava que él tanto buscaba.

Narraba en detalle las gestiones realizadas con ese fin hasta descubrirla en un baile público, y elogiaba su propio mérito y perspicacia como rastreador diciendo que, a no ser él, nadie hubiera sido capaz de olfatear a una esclava en la persona de una joven tan bonita y educada. Alterando los hechos y las circunstancias del modo más atroz y calumnioso, le decía en frases de tabernero que Miguel se había establecido en Recife con Isaura a fin de especular con la hermosura de la hija, la cual, envolviendo entre sus lazos a la muchachada holgazana y opulenta había por fin logrado capturar a un patico bien gordo y fácil de desplumar.

Este era un pernambucano llamado Álvaro, joven dos veces millonario y mil veces insensato que sentía por ella una pasión loca. Este mozo, a quien ella tenía engañado y engatusado hasta el punto de querer desposarla, cometió la tontería de llevarla a un baile donde él, Martinho, tuvo la fortuna de descubrirla, y la hubiese capturado y estaría ella ya en marcha hacia la hacienda de su señor, si no hubiese sido por la oposición de dicho señor Álvaro, que a pesar de haberse enterado de qué ralea era su heroína, tuvo la poca vergüenza de protegerla escandalosamente. Imponiendo sus valiosas relaciones y la influencia de que gozaba en la región debido a su riqueza, había logrado impedir su captura y convirtiéndose en garante de ella la conservaba en su poder contra toda razón y justicia, declarando que sólo la entregaría a su propio señor. Consideraba que la intención de Álvaro era encontrar medios para liberarla, a fin de hacerla su mujer o su amante. Opinaba que era su deber comunicarle todo eso para su gobierno.

Era éste, en suma, el contenido de la carta de Martinho; la cual salió hacia Río de Janeiro en el mismo buque que llevaba la carta de Álvaro con las proposiciones de éste para obtener la libertad de Isaura. Leoncio, contento con el hallazgo, pero lleno de celos e inquietudes a causa de las informaciones de Martinho, se apresuró en responder a ambos y el mismo navío que trajo la respuesta insolente e insultante que dirigió a Álvaro fue portador de la destinada a Martinho, donde lo autorizaba a aprehender a la esclava en cualquier parte donde la encontrase y, para mayor seguridad, le enviaba también un poder especial para tales fines, así como algunas cartas de recomendación de personas importantes para el jefe de la policía, para que éste lo ayudase en aquella gestión.

Martinho, más que de prisa, se dirigió a la policía y presentándole al jefe todos esos papeles le pidió que ordenase entregarle la esclava. El jefe, al ver los documentos que Martinho tenía en su poder, consideró que no le era posible denegarle lo que exigía y expidió una orden por escrito para que le fuese entregada la esclava en cuestión. Designó además a un oficial de justicia y a dos guardias para que llevaran a efecto la medida dictada.

Así, fue Martinho quien, armado con todos los poderes legalmente autorizados por la policía, se presentó con su escolta en la puerta de la casa de Isaura para arrebatar a Álvaro la codiciada presa.

–¡De nuevo este infame! –murmuró Álvaro entre dientes al ver entrar a Martinho. Era un rugido de cólera impotente salido de lo más íntimo de su alma angustiada.

–¿Qué desea de mí el señor? –preguntó Álvaro en tono seco y altivo.

–Su Merced, que me conoce bien –respondió Martinho–; ya puede imaginarse más o menos el motivo que aquí me trae.

–Ni remotamente puedo adivinarlo, pero me extraña no poco ver ese aparato policial de que se hace acompañar.

–Su extrañeza cesará cuando sepa que vengo a reclamar una esclava fugitiva, llamada Isaura, que hace mucho tiempo fue identificada por mí en medio de un baile donde se hallaba Su Merced, y al querer enviarla yo hacia Río de Janeiro a la hacienda de su señor, Su Merced se opuso a ello sin motivo alguno justificable, conservándola hasta hoy en su poder contra todo derecho.

–¡Alto ahí, señor Martinho, creo que a usted no le compete darle o quitarle derechos a quien le parezca! Usted bien sabe que yo soy el depositario de esa esclava y que con todo el derecho y consentimiento de la autoridad la mantengo bajo mi protección.

–Ese derecho, si es que se puede llamar derecho a una arbitrariedad, ya ha cesado, desde que Su Merced no ha alegado nada a favor de esa esclava. Y además –añadió mostrándole un papel–, aquí está la orden expresa y terminante del jefe de la policía disponiendo que dicha esclava me sea entregada. A esto nada se puede oponer legalmente.

–Por lo que veo, señor Martinho –dijo Álvaro después de examinar rápidamente el papel que Martinho le entregara–, usted no ha desistido aún de su indigno proceder, convirtiéndose por un poco de dinero en el vil instrumento del verdugo de una infeliz mujer. Reflexione y verá que esa infame acción sólo puede inspirar asco y horror a todo el mundo.

Martinho, al verse apoyado por la policía, se creyó con derecho a mostrarse áspero y arrogante y, por ello, con imperturbable sangre fría:

–Señor Álvaro –respondió–, yo vine a esta casa solamente con el fin de exigir en nombre de la autoridad la entrega de una esclava fugitiva que aquí se encuentra refugiada, y no para oír reproches que el señor no tiene derecho a hacerme. Procure hacer lo que la ley ordena y la prudencia aconseja, si no quiere que use mi derecho…

–¡¿Qué derecho?!…

—De penetrar en esta casa y llevarme a la esclava por la fuerza.

—¡Retírate, miserable esbirro! —gritó Álvaro con fuerza sin poder contener por más tiempo su cólera—. ¡Desaparécete de mi presencia, si no quieres pagar caro tu atrevimiento!...

—¡Señor Álvaro!..., ¡cuidado con lo que hace!

El doctor Geraldo, opinando que su amigo no tenía mucha razón en sus argumentos, por su prudencia había permanecido silencioso hasta ese instante, mas viendo que la cólera y la imprudencia de Álvaro iban excediendo los límites, creyó su deber intervenir en la disputa, y acercándose a Álvaro y tomándolo por un brazo:

—¿Qué haces, Álvaro? —le dijo en voz baja—. ¿No ves que con esos arrebatos no haces sino comprometerte y agravar la suerte de Isaura? Más prudencia, amigo mío.

—¿Pero... qué debo hacer?... ¿Puedes decírmelo?

—Entregarla.

—¡Eso nunca!... —replicó Álvaro terminantemente.

Todos se mantuvieron silenciosos durante algunos instantes. Álvaro parecía meditar.

—Se me ha ocurrido algo —dijo al oído de Geraldo—; voy a intentarlo.

Y sin esperar respuesta, se acercó a Martinho.

—Señor Martinho —exclamó, deseo decirle dos palabras en privado, con el permiso del doctor.

—Estoy a sus órdenes —respondió Martinho.

—Estoy convencido, señor Martinho —le dijo Álvaro en voz baja, llevándolo aparte—, de que la gratificación de cinco contos es el motivo principal que lo lleva a proceder de esta manera contra una infeliz mujer que nunca lo ha ofendido. Está en su derecho, lo reconozco, y la suma no es para despreciar. Pero si desiste completamente de ese negocio y deja en paz a esa esclava, le ofrezco el doble de esa cantidad.

—¡El doble!... ¡Diez contos de reis! —exclamó Martinho abriendo mucho los ojos.

—Exactamente, diez contos de reis, y hoy mismo.

—Pero, señor Álvaro, ya le di mi palabra al señor de la esclava, di pasos para ese fin, y...

—¡Qué importa!..., diga que ella se evadió de nuevo o dé otra disculpa cualquiera...

—¿Cómo, si es tan público que ella se halla en poder de Su Merced?...

—¡Vaya...!, eso depende de su voluntad, señor Martinho, ¡un hombre tan vivo y atildado como usted no habrá de turbarse con tan poca cosa!...

—Trato hecho —dijo Martinho después de reflexionar un instante—. Ya que Su Merced se interesa tanto por esa esclava, no quiero afligirlo más con este negocio que, a decir verdad, me repugna. Acepto la proposición.

—Gracias, es un servicio importante el que va a hacerme.

—¿Pero qué vuelta le daré yo al asunto para salir bien de él?

—Piense en algo, su imaginación es fértil en recursos y seguramente le indicará algún medio de salir de dificultades con la mayor facilidad posible.

Martinho permaneció por algunos momentos mordiéndose las uñas, pensativo y con la mirada clavada en el piso. Finalmente, levantó la cabeza y se llevó a la frente el dedo índice:

—¡Ya sé! —exclamó—. Decir que la esclava desapareció de nuevo no es conveniente y podría comprometer a Su Merced, que se responsabilizó por ella. Diré solamente que, bien averiguado el caso, reconocí que la muchacha que Su Merced tiene en su poder no es la esclava en cuestión, y punto, todo acabado.

—Eso no está mal…, pero ha sido un asunto tan público…

—¡Qué importa!…, ¿no recuerda Su Merced una marca de quemadura encima del seno izquierdo que se menciona en el anuncio? Pues diré que no se encontró dicha marca, que es muy característica, y así se destruye la identidad de la persona. Añadiré que la joven por quien Su Merced se interesa, vista de noche es una cosa, y de día, otra; que en nada se parece a la linda esclava descrita en el anuncio, y que en vez de tener veinte años aparenta tener de treinta y tantos hacia cuarenta, y que toda aquella lozanía y hermosura eran resultado de los afeites y de la luz vacilante de las lámparas y los candelabros.

—Es usted muy ingenioso —observó Álvaro con una sonrisa—, pero los que la vieron no creerán nada de eso. No obstante, aún nos queda una dificultad, señor Martinho: ¡la confesión que ella hizo en público!…, eso va a ser difícil solucionarlo.

—¿Cómo difícil?…, puede decirse que ella padece de ataques de histeria y de alucinaciones.

—Bravo, señor Martinho, confío plenamente en su pericia y habilidad. ¿Y después?

—Después comunico todo eso al jefe de la policía, le declaro que no tengo nada más que ver con ese asunto, le paso el poder a cualquier magistrado o cazador de esclavos, que quiera encargarse del negocio y le escribo enseguida al señor de la esclava informándole mi equivocación; con lo cual seguramente él desistirá de buscarla más por aquí y trasladará sus pesquisas a otros sitios. ¿Qué opina de mi plan?

—Admirable, pero no podemos perder tiempo, señor Martinho.

—Ya voy a ponerlo en práctica y en menos de dos horas estaré aquí de regreso para comunicarle el resultado de mis gestiones.

—Aquí no, pues no puedo demorarme más. Lo espero en mi casa, y allí recibirá la suma convenida.

—Pueden retirarse —dijo Martinho al oficial de justicia y a los guardias, que se hallaban apostados al otro lado de la puerta—. Ya no es necesaria vuestra presencia aquí.

"¡No hay duda! —agregó para sí—. ¡Que esto va a duplicarse como en el *lansquenete*! Esta esclava es una mina que parece no estar agotada aún."

Y se retiró, frotándose las manos con júbilo.

—¿A qué acuerdo llegaste, al fin con el hombre, Álvaro? —preguntó Geraldo en cuanto Martinho volvió la espalda.

—Todo ha salido bien —respondió Álvaro—, mi recurso surtió el efecto deseado, mucho más de lo que yo esperaba.

Álvaro contó en pocas palabras a su amigo el negocio que había hecho con Martinho.

—¡Qué tipo más despreciable y abyecto es ese Martinho! —exclamó Geraldo—. De semejante instrumento no puede esperarse nada que sirva. ¿Y crees que has logrado algo bueno, Álvaro, con el paso que acabas de dar?…

—No mucho, aunque algo siempre puedo conseguir. Por lo menos, detengo el golpe por algún tiempo y, como dice el refrán, Geraldo, en lo que el palo va y viene, descansa la espalda. Mientras Leoncio, convencido de que su esclava no se encuentra aquí en Recife la busca por todas partes, ella permanecerá aquí tranquilamente, a mi amparo, libre de las persecuciones y de los maltratos de un bárbaro señor, y yo tendré tiempo para obtener las pruebas y documentos que justifiquen su derecho a la libertad. Es todo lo que necesito por ahora; en cuanto al resto, ya que pareces ser de la opinión de que mi causa está irremediablemente perdida, la justicia divina me inspirará el modo en que debo proceder.

–¡Cuánto te equivocas, mi pobre Álvaro!... ¿Crees que alejando a Martinho estarás ya libre de persecuciones y pesquisas contra tu protegida? ¡Qué ceguedad!... No faltarán soplones igualmente ávidos de dinero que por los cinco contos de reis, que para esos miserables representa una suma fabulosa, se lancen tras la pista de tan valiosa presa. Ahora principalmente, cuando Martinho ya dio la alarma y ese asunto ha alcanzado un cierto grado de celebridad, en vez de uno aparecerán cien Martinhos a la caza de la bella fugitiva, y no tendrán más que seguir el rastro dejado por el primero.

–Eres muy cauteloso, Geraldo, y siempre enfocas las cosas por el lado peor. Es muy probable que la gente crea las patrañas inventadas por Martinho y que nadie más se acuerde de descubrir a la cautiva Isaura en esa muchacha por la cual me intereso, y aunque mil soplones la busquen por todos los rincones del mundo, poco me importará. Siempre obtendré un aplazamiento, que podrá serme muy ventajoso.

–Pues bien, Álvaro, aunque así sea, ¿no ves que semejante procedimiento no es digno de ti?..., ¿que así incurres realmente en los epítetos afrentosos con que te obsequió el tal Leoncio y que te conviertes verdaderamente en un seductor y encubridor de esclavos ajenos?...

–Discúlpame, mi querido Geraldo, pero no puedo aceptar tu reprimenda. Ella sólo puede aplicarse a los casos vulgares y no a las circunstancias especialísimas en que nos hallamos Isaura y yo. Yo no doy asilo ni encubro a una esclava; protejo a un ángel y amparo a una víctima inocente contra la saña de un verdugo. Los motivos que me impelen, y las cualidades de la persona por quien doy estos pasos, ennoblecen mi actitud y son bastante para justificarme ante mi propia conciencia.

—Bien, Álvaro, haz lo que quieras; no sé qué más podría decirte para hacerte desistir de una actitud que no sólo considero imprudente sino también, para hablarte con sinceridad, ridícula e indigna de tu persona.

Geraldo no podía disimular el descontento que le causaba aquella ciega pasión que llevaba a su amigo a cometer acciones que él calificaba de burlesco desatino y de locura incalculable. Por ello, lejos de ayudarlo con sus consejos e indicarle los medios de obtener la libertad de Isaura, ponía todo su empeño en hacerlo desistir de aquel propósito, presentándole el asunto más difícil aún de lo que en realidad era. De buena gana, si hubiese podido, habría entregado a Isaura a su señor solamente para librar a Álvaro de aquella terrible tentación que ya lo iba precipitando en la senda de las más ridículas extravagancias.

Capítulo XVII

Al quedarse solo, Álvaro se sentó junto a una mesa y, apoyando en ella los codos, escondió la frente entre sus manos y se puso a meditar profundamente.

Isaura, sin embargo, presintiendo por el silencio que reinaba en la sala que ya no había allí personas extrañas, fue a reunirse con él.

–Señor Álvaro –le dijo ella acercándosele con suavidad y timidez–. Discúlpeme…, seguro que vengo a molestarlo…, tal vez usted quiere estar solo.

–No, mi Isaura, tú nunca me molestas; por el contrario, eres siempre bienvenida a mi lado…

—¡Pero lo veo tan triste!… Me parece que aquí entró alguna gente, oí voces alteradas. ¿Le dieron algún disgusto, señor?

—No ocurrió nada extraordinario, Isaura, fueron algunas personas que vinieron a buscar al doctor Geraldo.

—¿Entonces por qué está tan triste y abatido?

—No estoy triste ni abatido. Estaba pensando en la forma de arrancarte del abismo de la esclavitud, ángel mío; y elevarte a la posición para la que el cielo te creó.

—¡Oh, señor, no sufra así por el amor de una infeliz que no merece tales extremos! Es inútil luchar contra el irremediable destino que me persigue.

—No hables así, Isaura. ¡No tomas muy en cuenta mi protección y mi amor!…

—No soy digna de escuchar de su boca esa dulce palabra. Entregue su amor a otra mujer que lo merezca y olvide a esta pobre cautiva que hasta se volvió indigna de su compasión al ocultarle su condición y hacerlo pasar por el vergonzoso desaire de…

—Cállate, Isaura…, ¿hasta cuándo vas a recordar ese maldito incidente?… El único culpable fui yo al forzarte a ir a ese baile, y tenías razones de sobra para no revelarme tu desgracia. Olvídate de eso, te lo pido por nuestro amor, Isaura.

—No puedo olvidarlo porque los remordimientos me avivan siempre en el alma el recuerdo de esa flaqueza. La desgracia es mal consejera y nos perturba y ensombrece el espíritu. Yo lo amaba, al igual que lo amo todavía, y cada vez más… Perdóneme esta declaración, que es sin duda una osadía en la boca de una esclava.

—Dilo, Isaura, di siempre que me amas. Ojalá pueda yo oír de tus labios esa palabra por toda la eternidad.

—Era un triste amor en realidad, un amor de esclava, un amor sin sonrisas ni esperanzas. ¡Pero la dicha de ser amada por el señor era tan consoladora para mí! Al amarme el señor me ennoblecía ante mis propios ojos y casi me hacía olvidar la realidad de mi humilde condición. Yo temblaba al pensar que una vez descubierta la verdad podría perder para siempre ese dulce y único consuelo que me quedaba en la vida. Perdone, mi señor, perdone a la infeliz esclava que tuvo la loca osadía de amarlo.

—Isaura, déjate de vanos escrúpulos y de esas frases humildes que en modo alguno pueden caber en tus labios angelicales. Si me amas, yo también te amo, porque en todo te juzgo digna de mi amor, ¿qué más quieres tú?... Si antes de conocer la condición en que naciste yo te amé subyugado por tus raros encantos, hoy que sé que a tantos atractivos se unen el infortunio y el martirio, te adoro, te idolatro más que nunca.

—¡Me ama, y es esa idea lo que me lacera aún más!... ¿De qué nos sirve ese amor si ni siquiera puedo tener la dicha de ser su esclava y debo morir sin remedio entre las manos de mi verdugo?...

—¡Nunca, Isaura! —exclamó Álvaro con vehemencia—. ¡Mi fortuna, mi tranquilidad, mi vida, todo lo sacrificaré para liberarte del yugo de ese vil tirano! Si la justicia de la Tierra no me ayuda en esta noble y generosa empresa, aplicaré con mis manos la justicia del cielo.

–¡Oh, señor Álvaro!… No se sacrifique por una pobre esclava que no merece tales excesos. Abandóneme a mi destino fatal; ya he tenido bastante felicidad al merecer el amor de un caballero tan noble y tan amable como el señor; este recuerdo me servirá de aliento y consuelo en mi desgracia. No puedo, sin embargo, permitir que el señor mancille su nombre y su reputación amando a tal extremo a una esclava.

–Por piedad, Isaura, no me martirices más con esa maldita palabra que constantemente tienes en los labios. ¡Esclava tú!… No lo eres, nunca lo fuiste y nunca lo serás. ¡Puede acaso la tiranía de un hombre o de la sociedad entera transformar en un ente vil y sumir en la esclavitud a aquella que de las manos de Dios salió como un ángel digno del respeto y adoración de todos! No, Isaura, yo sabré elevarte al noble y honroso lugar al que el cielo te destinó, y cuento con la protección de un Dios justo, porque protejo a uno de sus ángeles.

Álvaro, a pesar de saber desde la noche del baile que Isaura era una simple esclava, no por eso dejó de tratarla con el mismo respeto, deferencia y delicadeza, como a una doncella de la más distinguida jerarquía social. Actuaba así de acuerdo con los elevados principios que profesaba y con los nobles y delicados sentimientos de su corazón. El pudor, la inocencia, el talento, la virtud y la desdicha eran siempre para él cosas respetables y sagradas, tanto en una princesa como en una esclava. Su afecto era tan casto y puro como la persona que lo inspiraba, y jamás le había pasado por la mente abusar de la precaria y humilde posición de su amada para profanar su candor inmaculado. Nunca, de su parte, un gesto más osado o una palabra menos casta habían hecho asomar al rostro de la cautiva el rubor de la vergüenza y ni tampoco los labios de Álvaro habían rozado con el más ligero beso sus virginales y pudorosas mejillas. Sólo después de repetidas súplicas de Isaura se había tomado la libertad de tratarla de tú y ello únicamente cuando estaban a solas.

Sólo ahora por primera vez, Álvaro, dominado por la más suave y vehemente emoción, al pronunciar las últimas palabras colocó su brazo en torno al cuello de Isaura y la apretó suavemente contra su corazón.

Estaban ambos embebidos en la dulzura de este primer abrazo de amor, cuando el ruido de un carruaje que se detuvo ante la puerta del jardín e inmediatamente después un fuerte y estruendoso "Eh, los de la casa" les hizo separarse.

En ese mismo instante entraba en la sala el cochero de Álvaro y le anunciaba que otras personas lo procuraban.

"¡Oh, Dios mío!... ¿Y ahora qué será?... ¿Serán de nuevo esos malditos sabuesos?...", pensó Álvaro y después, dirigiéndose a Isaura:

—Será prudente que te retires, querida —le dijo—; quién sabe de qué se trate y no conviene que te vean.

—¡Ah!, ¡qué por mi culpa no se perturbe su tranquilidad! —murmuró Isaura al retirarse.

Un momento después, Álvaro vio entrar en la sala a un elegante y bello joven, vestido con el mayor esmero y haciendo gala de los más pulidos y aristocráticos ademanes; pero a pesar de su galante porte tenía en su fisonomía, como Luzbel, un no sé qué de torvo y siniestro, y una mirada sombría que infundía pavor y repulsión.

–"Este, en efecto, no es un soplón cualquiera", pensó Álvaro, e indicándole una silla al recién llegado:

–Por favor, siéntese –le dijo–, tenga la bondad de decirme qué desea de este servidor suyo.

–Discúlpeme –le respondió el caballero mientras dirigía una mirada escrutadora por toda la sala–, no es con Su Merced con quien deseaba hablar, sino con el dueño de esta casa o con su hija.

Álvaro se estremeció. Era evidente que aquel joven, aunque no tuviese la más mínima apariencia de un miserable sabueso, andaba tras la pista de Isaura. Pero para comprobar si su aprensión estaba justificada, antes de llamar a los dueños de la casa quiso sondear las intenciones del visitante.

–No obstante –respondió él–, como estoy autorizado por los dueños de esta casa a tratar todos sus asuntos, Su Merced puede dirigirse a mí y decirme lo que pretende de ellos.

–Sí, señor, no lo dudo en absoluto, ya que lo que pretendo no es ningún misterio. Como me consta con seguridad que aquí se encuentra alojada una esclava fugitiva, llamada Isaura, vengo a capturarla…

–En ese caso debe entenderse conmigo, pues soy el depositario de dicha esclava.

–¡Ah!…, ¡Por lo que veo, Su Merced es el señor Álvaro!

–Servidor de Su Merced.

—Bien, me alegro mucho de encontrarlo aquí, pues debe saber también que yo soy Leoncio, el legítimo señor de esa esclava.

¡Leoncio!… ¡El señor de Isaura! Álvaro se sintió como aplastado bajo el peso de esa fulminante y tremenda revelación. Mudo y atónito, contempló por algunos instantes a aquel hombre de aspecto sombrío que se presentaba ante él, implacable y siniestro como Lucifer, dispuesto a apoderarse de la víctima que desea arrastrar a los infiernos. Un sudor frío le cubrió la frente y la más punzante angustia le oprimió el corazón.

"¡Es él!…, ¡el propio verdugo!… ¡Ay, pobre Isaura!…", fue éste el eco lúgubre que retumbó dentro de su alma, paralizada por el desaliento.

Capítulo XVIII

Probablemente el lector no se haya quedado menos atónito que Álvaro con la inesperada presencia de Leoncio en Recife, tocando con toda seguridad a la puerta de la casa donde se hallaba refugiada su esclava.

Es preciso, pues, explicarle cómo sucedió eso, para que no piense que fue por algún milagro.

Leoncio, después de haber escrito y entregado en el correo las dos cartas que conocemos, una dirigida a Álvaro y otra a Martinho, no por eso se sintió más tranquilo. Una inquietud mortal, unos celos terribles le devoraban el alma. La noticia de que Isaura se encontraba en poder de un apuesto y rico joven, que la amaba locamente, era para él un suplicio insoportable, un cáncer que le corroía las entrañas y lo hacía estremecerse de desesperación, avivándole cada vez más la pasión furiosa que le inspiraba su esclava. Él se hallaba en la corte, hacia donde se había dirigido inmediatamente después de tener noticias de Isaura, con el fin de encontrarse en un sitio desde el cual pudiese tomar medidas rápidas y enérgicas para capturarla. Después de escribir y entregar las cartas la víspera de la partida del vapor por la mañana, se pasó el resto del día meditando. La terrible ansiedad que sentía no le permitía esperar la respuesta y el resultado de aquellas cartas, pues por entonces eran mucho más lentos y espaciados que hoy los viajes de los navíos, en aquella época en que apenas había comenzado la navegación a vapor por las costas del Brasil. Además, le venía con frecuencia a la mente el dicho popular "quien quiere, va; quien no quiere, manda". No podía confiar en la diligencia y la buena voluntad de personas desconocidas, que tal vez no pudiesen luchar ventajosamente contra la influencia de Álvaro, el cual, según se lo habían descrito, era un potentado en su tierra. Los celos y la venganza no gustan de confiar a ojos y manos ajenas la ejecución de sus designios.

"Es indispensable que vaya yo mismo", pensó Leoncio, y firme en esta decisión fue a ver al Ministro de Justicia, con quien mantenía relaciones de amistad, y le pidió una carta de recomendación –lo que equivale a una orden– para el jefe de la policía de Pernambuco, con el fin de que lo ayudase de manera eficaz a descubrir y capturar a una esclava. Ya de antemano Leoncio había conseguido también una orden de arresto contra Miguel, a quien había hecho procesar y declarar ladrón y encubridor de su esclava. El sañudo pachá no había olvidado nada para hacer más completa su venganza.

Al día siguiente Leoncio partía hacia el Norte en el mismo vapor que llevaba sus cartas.

Estas, no obstante, llegaron a su destino algunas horas antes de que su autor desembarcase en Recife.

Tan pronto como puso un pie en tierra, Leoncio se dirigió al jefe de la policía y entregándole la carta del ministro le comunicó su pretensión.

—Debo informarle, señor Leoncio —le respondió el jefe—, que hace quizás un poco más de dos horas salió de aquí una persona autorizada por Su Merced para el mismo objetivo de capturar a esa esclava, y hace apenas unos momentos llegó de vuelta declarando que se había equivocado y que la mujer de quien desconfiaba no es ni podía ser la esclava que huyó de Su Merced.

—Un tal Martinho, ¿no es así?

—Exactamente.

—¿De veras? ¡Qué me cuenta, oficial!

—De hecho todavía están ahí en la puerta el funcionario de justicia y los guardias que lo acompañaron.

—¡De manera que he perdido mi tiempo y mi viaje!... ¡Oh, no, no es posible! Créame, oficial, aquí hay algo oscuro... Dicen que el tal señor Álvaro es muy rico...

—Y el tal Martinho, un pícaro capaz de todas las infamias. Todo puede ser; pero a Su Merced, como interesado, le corresponde averiguar esas cosas.

–Y es lo que vengo dispuesto a hacer. Iré allá personalmente a comprobar el asunto con mis propios ojos, y ahora mismo, si es posible.

–Cuando quiera. Ahí están el oficial de justicia y los guardias, que acaban de regresar de allá, y nadie mejor que ellos pueden guiar a Su Merced y efectuar la captura, en caso de identificarla como su propia esclava.

–También necesito que Su Merced ponga el *cúmplase* en esta orden de arresto –dijo Leoncio presentando la denuncia contra Miguel–, es preciso castigar al canalla que tuvo la audacia de sonsacar y robarme la esclava.

El jefe satisfizo sin vacilar el pedido de Leoncio, el cual, acompañado por su pequeña escolta, subió en su carro y se dirigió enseguida a casa de Isaura, donde lo dejamos delante de Álvaro.

Esta vez la situación no era sólo crítica, sino desesperada. Su adversario estaba allí esgrimiendo su incuestionable derecho para humillarlo, aplastarlo y lo que es más, despedazarle el alma robándole a su adorada, al ídolo de su corazón, que le iba a ser arrancada de los brazos para ser prostituida en el amor brutal de un señor corrompido, si no sacrificada a su furor. No tenía otra alternativa que doblegarse en silencio ante este golpe del destino y contemplar con los brazos cruzados cómo era cubierta de hierros y entregada al látigo del verdugo la noble y angélica criatura que, única entre tantas bellezas, le hiciera palpitar el corazón con las emociones del más sublime y puro amor.

¡Deplorable situación aquella en que nos vemos arrastrados como consecuencia de una institución absurda e inhumana!

El depravado, el libertino, el verdugo se presenta altivo y arrogante, y teniendo a su favor la ley, la autoridad, el derecho y la fuerza, lanza sus garras sobre la presa objeto de su codicia o de su odio y puede disfrutar de ella o destruirla a su antojo, mientras que el hombre de noble corazón, de impulsos generosos, inerme ante la ley, se ve suplantado, inmóvil, maniatado, sin poder extender su brazo en socorro de la inocente y noble víctima que desea proteger. Así, por una extraña aberración, vemos a la ley protegiendo el vicio y arrancándole los brazos a la virtud.

Estaba, pues, Álvaro en presencia de Leoncio como el condenado en presencia del verdugo. La mano de la fatalidad lo paralizaba con todo su aplastante peso, sin permitirle el más mínimo movimiento.

Leoncio estaba furioso de rabia y de celos, y valiéndose de su ventajosa posición, aprovechó la oportunidad para vengarse de su rival, no con la nobleza de un caballero sino tratando de humillarlo a fuerza de improperios.

–Sé que hace mucho tiempo –dijo Leoncio continuando el diálogo que dejamos interrumpido en el capítulo anterior–, que Su Merced retiene a esa esclava en su poder contra todo derecho, engañando a las autoridades con falsos alegatos que nunca podrá probar. Pero ahora he venido yo mismo a reclamarla y a burlar sus planes y artimañas.

–Artimañas no, señor. Protegí y protejo abiertamente a una esclava contra las violencias de un señor que quiere convertirse en su verdugo; eso es todo.

–¡Ah! Ahora me entero de que cualquiera puede sustraer a un esclavo del dominio de su señor con el pretexto de protegerlo y arrogarse el derecho de inmiscuirse en el modo en que son tratados los esclavos ajenos.

—Si Su Merced tiene deseos de burlarse, le informo que yo no tengo el menor interés en burlarme ni en ser burlado. Le confieso que deseo la libertad de esa esclava en la misma medida en que deseo mi felicidad y estoy dispuesto a hacer todos los sacrificios posibles por conseguirla. Ya le ofrecí dinero, y aún se lo ofrezco. Le doy lo que pida…, le doy una fortuna por esa esclava. Ponga precio…

—No hay dinero que la pague; ni todo el oro del mundo, porque no quiero venderla.

—Pero eso es un capricho bárbaro, una perversidad…

—Su Merced puede calificar ese capricho como lo estime conveniente, ¿acaso no puedo tener yo mis caprichos mientras no ofenda los derechos de nadie?… ¿Acaso Su Merced no tiene también el capricho de quererla para sí?… Pero su capricho es contrario a mis derechos y eso no lo puede tolerar.

—Pero mi "capricho" es noble y caritativo, y el suyo es una tiranía, por no decir una villanía. Su Merced mancha su vida con un estigma indeleble al mantener en la esclavitud a esa mujer, lo cual constituye además una falta de respeto y una injuria a la memoria de su santa madre, que crió con tanta delicadeza y educó con tanto esmero a esa esclava para hacerla digna de la libertad que pretendía darle y no para satisfacer los caprichos de Su Merced. Desde el cielo, donde está, ella seguramente lo maldecirá y el mundo entero se unirá a esa maldición contra el hombre que tiene en el más humillante cautiverio a una criatura llena de virtudes, talento y belleza.

—¡Basta, señor!... Ahora también me entero de que una esclava, sólo por el hecho de ser bonita y talentosa, tiene derecho a la libertad. Su Merced debe saber también que si mi madre no crió a esa muchacha para satisfacer mis caprichos, mucho menos lo hizo para satisfacer los de Su Merced, a quien nunca conoció. Señor Álvaro, si desea tener alguna linda esclava para calmar sus apetencias amatorias, procúrese otra, cómprela, porque sobre ésta deber dar por perdida toda esperanza.

—Señor Leoncio, Su Merced se olvida del lugar donde está y de la persona con quien habla, y cree que se encuentra en su hacienda hablándole a sus administradores o a sus esclavos. Le hago esta advertencia para que mida sus expresiones.

—Basta señor, dejémonos de vanas disputas, pues yo no vine aquí para ser catequizado por Su Merced. Lo que quiero es la entrega de la esclava y nada más. No me obligue a hacer uso de mi derecho llevándomela a la fuerza.

Álvaro, enloquecido por tan groseras e inhumanas provocaciones, perdió totalmente la prudencia y la ecuanimidad. Entendió que para salir de la terrible situación en que se hallaba sólo había un camino: matar a su antagonista o morir en sus manos; y dejándose llevar por esos impulsos de la cólera y la desesperación, saltó de la silla, agarró a Leoncio por el cuello y sacudiéndolo con fuerza:

—¡Verdugo! —gritó espumajeante de rabia—, ¡ahí tienes a tu esclava! Pero antes de llevártela, responderás por los insultos que me has dirigido, ¿oíste?... ¿O acaso piensas que yo también soy tu esclavo?

—¡Usted está loco, hombre! —dijo Leoncio, asustado—. Las leyes de nuestro país no permiten el duelo.

—¡Qué me importan las leyes!… Para el hombre de bien el honor es superior a las leyes, y si no eres un cobarde como creo…

—¡Socorro, que quieren asesinarme! —vociferó Leoncio, zafándose de las manos de Álvaro y corriendo hacia la puerta.

—¡Infame! —rugió Álvaro, cruzando los brazos y apretando los dientes en una sonrisa de cólera y desdén.

En ese mismo instante, atraídos por el ruido, entraban en la sala, de un lado, Isaura y Miguel, y, del otro, el oficial de justicia y los guardias.

Isaura estaba atenta a lo que ocurría y desde el interior de la casa había escuchado y comprendido todo.

Vio que todo estaba perdido y corrió a impedir la locura que por amor hacia ella Álvaro estaba a punto de cometer.

—¡Aquí estoy, señor! —fueron las únicas palabras que pronunció mientras se presentaba con los brazos cruzados delante de su señor.

—¡Ahí están, son ellos! —dijo Leoncio a los guardias, señalando a Isaura y Miguel—. ¡Préndanlos!…, ¡préndanlos!…

—Vete, Isaura, vete —murmuró Álvaro con voz trémula y apagada, acercándose a la cautiva—. No te desanimes, yo no te abandonaré. Confía en Dios y en mi amor.

Una hora después, Álvaro recibía en su casa la visita de Martinho. Venía éste muy presumido e insolente a informar sobre su gestión, ansioso por cobrar la suma convenida.

"¡Diez contos!… ¡Oh! –pensaba él–. ¡Es una fortuna! ¡Ahora sí que podré vivir a mis anchas!… ¡Adiós, viejos bancos de la Academia!… ¡Adiós, libros grasientos, que tanto tiempo estuve hojeando al acaso!… ¡Voy a arrojarlos por la ventana, ya no necesito más de ustedes, mi futuro está hecho!… ¡Dentro de poco seré capitalista, banquero, gobernador, barón… y verán qué bien me las arreglo!…"

Y a fuerza de multiplicar cálculos de usura e interés, ya Martinho había centuplicado aquella suma en su imaginación.

–Mi querido señor Álvaro –dijo al llegar, sin más preámbulo–, todo está arreglado a la medida de nuestros deseos. Su Merced puede vivir tranquilo en compañía de la gentil fugitiva, pues en adelante nadie más lo molestará. En realidad, la actitud de Su Merced en este asunto ha sido muy bella y digna de elogios; es propia de un corazón grande y generoso como el de Su Merced. ¡¿Acaso hay una injusticia mayor que mantener en cautiverio a una joven tan dulce y educada?!… Aquí tiene la carta que le escribo a ese necio sultancillo. Le cuento una media docena de mentiras que lo desorientarán completamente.

Mientras decía esto, Martinho desdobló la carta y ya comenzaba a leerla cuando Álvaro lo interrumpió impaciente.

–Basta, señor Martinho –le dijo malhumorado–, el asunto ha concluido, ya no preciso de sus servicios.

–¿Concluido?… ¿cómo?

—La esclava está en poder de su señor.

—¡De Leoncio!… ¡Imposible!

—Es la pura verdad; si quiere más detalles, vaya a la policía y averigüe.

—¡Y mis diez contos?…

—Creo que ya no se los debo.

Martinho soltó un gemido de desesperación y salió de casa de Álvaro con tal precipitación, que parecía ir rodando escaleras abajo.

Describir el deplorable estado en que quedó aquella miserable alma es una empresa que no voy a intentar; que los lectores se lo imaginen.

El perro hambriento, engañado por la sombra, soltó la carne que tenía entre los dientes y se quedó sin una ni otra.

Capítulo XIX

–Fíjate como arreglas eso, Rosa; ¡oh!, esta chiquilla es una alocada, no tiene gracia para nada. Bien se ve que no naciste para la sala; tu lugar está en la cocina.

–¡Miren quién se atreve a darme órdenes!... ¿Quién te llamó aquí, entrometido? Tu lugar tampoco está aquí, sino en la caballeriza. Vete a mandar a tus caballos, André, y no te metas en lo que no te importa.

–Cállate, tonta –replicó André mientras cambiaba de sitio algunas sillas–. Lo único que sabes es chismorretear. Estas sillas no van aquí... ¡Mira cómo están estos jarrones!... ¡Ni siquiera limpiaste los espejos!... ¡Tan torpe y haragana como eres!... En tiempos de Isaura todo esto era un primor; daba gusto entrar en esta sala. Y ahora, mira. Está claro que no sirves para estas cosas.

—¿Por qué tenías que nombrar a esa? —contestó Rosa con gran despecho—. Si echas de menos los tiempos de Isaura, ve a sacarla del cuarto oscuro del tronco, donde está viviendo. Seguramente que esa habitación no le gustará llenarla de flores.

—Cállate la boca, Rosa; mira que tú también puedes ir a parar allí.

—Yo no, yo no me escapo.

—Porque no tienes quien cargue contigo, si no huirías hasta con el diablo. ¡Pobre Isaura!, una muchacha tan buena y tan dulce, tratada como una negra de la cocina. ¿No sientes pena por ella, Rosa?

—¿Pena por qué, ahora?... ¿Quién la mandó hacer de las suyas?

—Pues oye, Rosa, yo estoy dispuesto a soportar la mitad del castigo que ella está sufriendo, pero en su compañía, por supuesto.

—Eso es fácil, André, haz lo que ella hizo. Vete a tomar aires en Pernambuco, que irremediablemente pararás haciéndole compañía a Isaura.

—¡Ojalá!... Si supiera que me encerraban con ella, sí que huía. Pero lo malo es que la pobre Isaura nos va a dejar a todos para siempre. ¡Qué falta nos va a hacer en esta casa!...

—¿Dejar cómo?

—Ya verás.

—¿Fue vendida?

—Nada de eso.

—¿La cedieron?

—Tampoco.

—¿Está libre?

—¡Qué impertinente eres! Espera, Rosa, ten un poco de paciencia, que quizás hoy mismo te enteres de todo.

—Cómo te gustan los misterios… ¿Ahora resulta que tú sabes lo que los demás no pueden saber?…

—No es misterio, Rosa, es desconfianza. Aquí en la casa habrá pronto un notición de los grandes, afina el oído…

—¡Ah! ¡Ah! —respondió Rosa divertida—. Tú mismo tienes cara de notición.

—¡Chist! ¡Cierra el pico, Rosa!… Ahí viene el señor.

Por el diálogo anterior el lector habrá comprendido que nos encontramos de nuevo en la hacienda de Leoncio, en el municipio de Campos, y en la misma sala donde encontramos a Isaura entonando su canción favorita al inicio de esta historia.

Ya han transcurrido cerca de dos meses desde que Leoncio fuera a Recife a aprehender a su esclava. Leoncio y Malvina se habían reconciliado y habían llegado a la hacienda la víspera, procedentes de la corte. Algunos esclavos, entre los cuales se encuentran Rosa y André, están limpiando el entarimado, ordenando y sacudiendo los muebles de aquel rico salón, testigo impasible de los misterios de la familia, de tantas escenas unas veces sublimes y conmovedoras y, otras, vergonzosas y siniestras, y que durante la ausencia de Malvina había permanecido cerrado.

Pero, ¿qué ha sido de Isaura y de Miguel desde que salieron de Pernambuco? ¿Qué destino dio Leoncio o pretende darle a ella?... ¿Cómo se reconcilió con su mujer?

Todo esto se lo explicaremos al lector enseguida, antes de proseguir la narración.

Leoncio, habiendo llevado a Isaura para su hacienda, la mantenía en la más completa y rigurosa reclusión. Ello no sólo obedecía al deseo de castigarla o de vengarse ferozmente de la infeliz cautiva. Sabía cuán ardiente e ilimitado era el amor que el joven pernambucano sentía por Isaura; había oído las últimas palabras que Álvaro le dijo a ella: "Confía en Dios y en mi amor; yo no te abandonaré". Era una amenaza y Álvaro, rico y audaz como era, disponía de grandes recursos para ponerla en ejecución, ya fuese mediante alguna violencia o por medio de astucias e insidias. Leoncio, por tanto, no sólo encarceló con todo el rigor posible a su esclava, sino que también armó a sus esclavos, los cuales alejados en lo sucesivo de los trabajos del campo, vivían alerta día y noche como soldados de una fortaleza.

Pero el alma ardiente y feroz del joven hacendado no desistía nunca de su loco amor y no perdía la esperanza de vencer el rechazo de Isaura.

Y ya no era solamente el amor o la sensualidad lo que lo arrastraba; era un capricho tiránico, un deseo salvaje y satánico de vengarse de ella y del rival preferido. Quería abusar de ella, aunque fuese por un día, y después de profanarla y mancharla, entregarla desdeñosamente a su antagonista diciéndole: "Venga a comprar a su amante; ahora estoy dispuesto a venderla, y barato".

Dirigió, pues, contra ella una nueva campaña de promesas, seducciones y declaraciones, seguidas de amenazas, castigos y crueldades. Leoncio únicamente retrocedió ante la tortura y la violencia brutal, no porque le faltase ferocidad para tanto, sino porque, conociendo el temple heroico de la virtud de Isaura, comprendió que con tales medios sólo conseguiría matarla, y la muerte de Isaura no satisfacía su sensualidad ni tampoco su venganza. Por ello, trató de concebir nuevos planes, tanto para pisotear lo que él llamaba el orgullo de la esclava, como para frustrar completamente las aspiraciones generosas de Álvaro, lanzando así sobre ambos la más cabal venganza.

Asimismo, Leoncio se vio en la absoluta necesidad de reconciliarse con Malvina, no porque el honor, la moral y mucho menos el amor conyugal lo llevasen a ello, sino por motivos de interés que el lector conocerá dentro de poco. Con ese fin, pues, Leoncio fue a la corte a buscar a Malvina.

Además de todas las malas cualidades que poseía, la mentira, la calumnia, el embuste, eran armas que manejaba con la habilidad del más refinado hipócrita. Se mostró avergonzado y arrepentido por la forma en que la había tratado y juró borrar con su futuro comportamiento hasta el recuerdo de sus pasados desvaríos. Confesó con una sinceridad y candor de ángel que durante algún tiempo se había dejado arrastrar por los atractivos de Isaura, pero que eso no había sido más que un pasajero desvarío, que no había dejado huella alguna en su alma.

Por otra parte, dirigió mil acusaciones y calumnias contra la pobre Isaura. Alegó que ella, como refinada coqueta que era, había empleado los más sutiles y embaucadores subterfugios para seducirlo y provocarlo, con el objetivo de obtener la libertad a cambio de sus favores. Inventó otras mil cosas y por fin hizo creer a Malvina que Isaura había huido de la casa seducida por un galán que hacía tiempo la cortejaba sin que ellos lo supiesen; que había sido éste quien diera al padre los medios de emanciparla y que al no poder lograrlo, acordaron en conjunto el plan de rapto; que al llegar a Recife, un joven tan rico como extravagante e insensato, enamorándose de ella, se la había arrebatado a su primer amante; que Isaura, con sus artificios, haciéndose pasar por una señora libre, lo había embaucado y engañado de tal forma que el pobre muchacho estaba a punto de casarse con ella e incluso después de saber que era una cautiva no quería dejarla, y que con mil escándalos y disparates estaba dispuesto a todo para liberarla. Que de las manos de ese joven él la había recuperado en Recife.

Malvina, mujer ingenua y crédula, con un corazón siempre propenso a la ternura y al perdón, dio pleno crédito a todo lo inventado por Leoncio no sólo para justificar sus errores pasados, sino también para preparar los planes que iba a seguir en adelante.

En su calidad de esposa ofendida, Malvina se había sentido irritada antes con Isaura, cuando sorprendió a su marido dirigiéndole palabras amorosas; pero su rencor se hubiese ido atenuando y hubiese desaparecido del todo si Leoncio, con falsas y calumniosas acusaciones, no le hubiese atribuido a la esclava los más torpes procedimientos. Desde ese momento, Malvina comenzó a sentir por Isaura no odio, sino un cierto alejamiento y desprecio mezclado con compasión, tal como lo hubiese sentido por cualquier otra esclava atrevida e insolente.

Era todo lo que necesitaba Leoncio para unirla al plan de castigo y venganza que elaboraba contra la desdichada cautiva. Bien sabía que Malvina, con su alma blanda y compasiva, jamás aprobaría castigos crueles; no obstante, aunque lo que él tramaba no tenía nada de bárbaro en apariencia, sí era el más humillante y doloroso tormento impuesto al corazón de una mujer que estaba consciente de su belleza y de la nobleza y candor de su espíritu.

—¿Y qué pretendes hacer con Isaura? —preguntó Malvina.

—Darle un marido y la carta de libertad.

—¿Y ya encontraste ese marido?

—¿Acaso no los hay?… Para encontrarlo no necesité salir de la casa.

—¿Algún esclavo, Leoncio?… ¡Oh…, eso no!

—¿Y qué tendría eso de malo si yo también lo liberase a él? Serían tal para cual. Yo pensé en André, que está loco por ella, pero por eso mismo no quiero dársela a ese pillo. Tengo para ella un ejemplar mucho mejor.

—¿Quién, Leoncio?

—¡¿Quién?!…, pues Belchior.

—¡Oh, Belchior!…, —exclamó Malvina riendo—. No bromees, habla en serio, ¿Quién es?

—Belchior, señora, hablo en serio.

—¿Pero acaso esperas que Isaura quiera casarse con ese mostrenco?

—Si no quiere, peor para ella, no le daré entonces la libertad y se pasará la vida encerrada y encadenada.

—¡Oh!…, pero eso es demasiado cruel, Leoncio. ¿De qué sirve que le des la libertad si no le dejas la de escoger un marido?… Dale la libertad, Leoncio, y déjala que se case con quien quiera.

—Ella no se casará con nadie; irá volando derechito para Pernambuco y la muy coqueta se arrojará en los brazos de ese insolente petimetre, burlándose de mí…

—¿Y a ti qué te importa eso, Leoncio? —indagó Malvina con aire desconfiado.

—¡¿Cómo que no?! —replicó Leoncio un poco turbado con la pregunta—. ¡¿Cómo que no?!…, es lo mismo que preguntarme si no tengo vergüenza. ¡Si supieras cómo me provocó ese necio con insultos atroces!… ¡Cómo me desafió con mil bravatas y amenazas diciéndome que iba a arrancar a Isaura de mi poder! Si no fuese por ti y también por cumplir los deseos de mi madre, yo nunca le daría la libertad a esa esclava, aunque no me prestase ningún servicio y tuviese que tratarla como a una princesa, únicamente para bajarle los humos y castigar la audacia y petulancia de ese impúdico rufián.

—Está bien, Leoncio, pero yo creo que Isaura primero se dejará quemar viva antes que casarse con Belchior.

—No te preocupes por eso, querida, la adoctrinaremos adecuadamente. Ya he elaborado un plan, con el cual espero obligarla a casarse con él de muy buena voluntad.

–Si ella está de acuerdo, no tengo motivos para oponerme.

Leoncio, de hecho, había preparado con suma habilidad su plan atroz. Habiendo traído de Recife a Miguel en calidad de detenido, juntamente con Isaura, al llegar a Campos hizo que lo encarcelaran y lo condenaran a pagar todos los gastos y perjuicios sufridos por la fuga de Isaura, los cuales calculó en una suma exorbitante. A causa de ello, el pobre hombre perdió sus últimos recursos y, además, quedó debiendo una suma enorme que sólo largos años de trabajo podrían pagar. Como Leoncio era rico, amigo de los ministros, y tenía gran influencia en ese lugar, las autoridades locales se prestaron con gusto a todas esas patrañas.

Después que Leoncio, desalentado al no poder vencer la obstinada resistencia de Isaura, cambió su plan de venganza, fue él mismo en persona a hablar con Miguel.

–Señor Miguel –le dijo en tono formal–, siento pena por usted y su hija a pesar de las molestias y los gastos que me han provocado, y vengo a proponerle un medio de acabar por una vez y para siempre con los problemas, intrigas y trastornos con que su hija ha perturbado mi casa y la tranquilidad de mi vida.

–Estoy dispuesto a llegar a un arreglo, señor Leoncio –respondió respetuosamente Miguel–, siempre que sea justo y honesto.

–No hay nada más honesto ni más justo. Quiero casar a su hija con un hombre de bien y darle la libertad; sin embargo, para lograr ese objetivo preciso mucho de su colaboración.

–Pues diga en qué le puedo servir.

—Sé que Isaura va a sentir alguna repugnancia y se negará a casarse con la persona que le he destinado, debido a la tonta y extravagante pasión que parece sentir aún por aquel infame petimetre de Pernambuco que le metió mil embustes en la cabeza y la llenó de ideas excéntricas y de locas esperanzas.

—Creo que ella sólo recuerda a ese joven con gratitud…

—¿Qué gratitud?… ¿Cree usted que él se está ocupando mucho de ella?… Tanto como el primer zapato que calzó. Aquello fue el capricho de una cabeza alocada, una fantasía de hidalguillo adinerado y la prueba está aquí; lea esta carta… ¡El rufián tuvo la osadía de escribirme, como si entre nosotros nada hubiese ocurrido, participándome con aires de viejo amigo que se ha casado!… ¿Qué le parece?… ¿Qué me importa a mí su casamiento? Pero eso no es todo; ¡aprovechando la ocasión me pide con todo descaro que cuando yo resuelva deshacerme de Isaura no lo haga nunca sin comunicárselo, porque mucho desea tenerla para mucama de su señora! ¡Fíjese hasta dónde puede llegar el cinismo y la desfachatez!…

—¡Así es, señor!…, ¡pero me cuesta bastante trabajo creer eso del señor Álvaro!

—Pues compruébelo con sus propios ojos; lea, ¿no conoce esta letra?

Y diciendo esto, Leoncio extendió a Miguel una carta cuya letra imitaba perfectamente la de Álvaro.

—Es su letra, no hay duda –dijo Miguel atónito por lo que acababa de leer–. Hay en este mundo muchas infamias que son difíciles de entender.

–Y también lecciones crueles que es necesario asimilar, ¿no es cierto, señor Miguel?... Pues bien, guarde esta carta para que se la enseñe a su hija; es bueno que ella se entere de todo para que no cuente más con ese hombre y elimine de su espíritu los humos que quizás le turban aún el juicio. Haga también usted lo que pueda para convencer a su hija de ese casamiento, que es muy ventajoso para ella; yo no sólo le perdonaré todo lo que me debe, sino que le devolveré lo que ya me pagó para que pueda abrir un negocio aquí en Campos y vivir tranquilamente el resto de sus días en compañía de su hija y de su yerno.

–¿Pero quién es ese yerno? Su Merced aún no me lo ha dicho.

–Es verdad, me había olvidado. Es Belchior, mi jardinero, ¿no lo conoce?...

–¡Mucho!... ¡Oh, señor!... ¿Con qué miserable figura quiere casar a mi hija?... ¡Pobre Isaura!... Dudo mucho que ella acepte.

–¿Qué importa la figura, si tiene un alma y es honesto y trabajador?...

–Eso es cierto; la cosa es que ella quiera.

–Estoy seguro de que si usted la aconseja y la prepara bien, ella terminará por acceder.

–Haré lo que pueda, pero tengo pocas esperanzas.

–Y si no quiere, peor para ella y para usted: olvide entonces lo que le dije; todo se queda como estaba –dijo terminantemente Leoncio.

Miguel no era un hombre de temple para luchar contra la adversidad. El cautiverio y la reclusión perenne de su hija, la miseria que se le presentaba acompañada de mil angustias, eran para él fantasmas terribles que no podía encarar sin sentir mortal pavor y abatimiento. No consideró muy oneroso el precio por el cual el inhumano señor, librándola de la miseria, concedía la libertad a su hija y aceptó el convenio.

Capítulo XX

Mientras Rosa y André pulían los muebles del salón, conversando alegremente, una escena muy triste y dolorosa tenía lugar en un oscuro aposento de la casa de esclavos donde Isaura, sentada sobre un cepo, con uno de sus blancos y hermosos tobillos sujeto por una cadena clavada a la pared, se hallaba desde hacía dos meses encarcelada.

Miguel había sido llevado allí por orden de Leoncio, para que comunicara a su hija el proyecto de su señor y la exhortara a aceptar el partido que le proponía. Era terrible y desolador el cuadro que presentaban aquellas dos míseras criaturas, pálidas, extenuadas y abatidas por la desventura, encerradas en un antro estrecho y lúgubre. Al encontrarse después de dos largos meses, más tristes y desgraciados que nunca, el primer lenguaje con que se saludaron no fue otro que un coro de lágrimas y sollozos de indecible angustia, y así permanecieron abrazados largo tiempo, apretados uno contra otro.

—Sí, hija mía, es preciso que te resignes a ese sacrificio; desgraciadamente, el único recurso que nos queda. Es con esa condición que vengo a abrirte las puertas de esta triste prisión donde hace dos meses vives encerrada. Sin duda, será un cruel sacrificio para tu corazón, pero es mucho más soportable que este duro cautiverio con que pretenden matarte.

—Es cierto, padre; mi verdugo me da a escoger entre dos yugos, pero yo todavía no sé cuál de los dos será más odioso e insoportable. Soy linda, dicen; fui educada como una heredera rica; el sentimiento de pudor y dignidad de la mujer me inspiran una alta estimación por mí misma; soy una esclava que hace rabiar de envidia a muchas muchachas hermosas; tengo incomparables atributos de cuerpo y de espíritu… ¡¿Y todo eso para qué, Dios mío?!… ¡Para ser dado baldíamente a un mísero idiota!… ¡¿Puede haber un escarnio más cruel y doloroso?!…

Y una risotada convulsa y siniestra desprendióse de los labios descoloridos de Isaura y retumbó por el lúgubre aposento como el estridente ulular del búho entre los sepulcros.

—No es tan difícil como te lo presenta tu imaginación conmocionada por los sufrimientos. El tiempo puede mucho y con paciencia y resignación te acostumbrarás a esa nueva vida, sin duda mucho más suave que este infierno de martirios, y podremos todavía disfrutar de días, si no felices, al menos más tranquilos y serenos.

—Para mí la tranquilidad no puede existir más que en la sepultura, padre. Entre los dos suplicios que me dan a escoger, veo aún algo que me sonríe como una idea consoladora, un recurso extremo que Dios reserva para los desgraciados cuyos males no tienen remedio.

—¿Te refieres a la resignación, verdad, hija?

—¡Ah, padre!, cuando la resignación no es posible, sólo la muerte...

—¡Cállate, hija!... No digas blasfemias y palabras locas. Yo quiero, yo necesito, que tú vivas. ¡¿Acaso tendrías valor para dejar a tu padre solo en este mundo, viejo y sumido en la miseria y en el desamparo?! Si me faltas, ¿qué será de mí en la triste situación en que me dejas?...

—Perdóneme, mi buen y querido padre; únicamente en un caso extremo yo escogería la muerte. Sé que debo vivir para usted y es eso lo que quiero, ¿mas para ello será preciso que me case con un deforme?... ¡Oh!, ¡esto es demasiado humillante y vergonzoso! ¡Sométanme al más riguroso cautiverio, pónganme a trabajar en el campo con la azada, descalza y vestida de algodón, castíguenme, trátenme, en fin, como a la más vil de las esclavas, pero por caridad, no me hagan aceptar este ignominioso sacrificio!...

—Belchior no es tan deforme como te parece; además, el tiempo y el hábito te harán familiarizar con él. Hace mucho tiempo que no lo ves, con los años él se irá enderezando, pues aún es joven. Si lo vieras ahora no lo reconocerías; ya no tiene ese aspecto tan grosero y desagradable, y sus ademanes son menos toscos. Anímate, hija mía, cuando salgas de este triste calabozo, el aire de la libertad te restituirá la alegría y la tranquilidad e incluso con el marido que te dan podrás vivir feliz…

–¡Feliz! –exclamó Isaura con amarga sonrisa–, no me hable de felicidad, padre mío. Si al menos mi corazón estuviese vacío como antes, si no amase a nadie. ¡Oh!…, no era necesario que él me amara, no; bastaba con que me quisiera para esclava aquel ángel de bondad que en vano se esforzó generosamente por arrancarme de este abismo. ¡Cuánto más feliz sería yo entonces que con ese pobre hombre con quien me quieren casar! ¡Pero ay de mí! ¿Debo seguir pensando en él? ¿Acaso él, noble y rico caballero, se acuerda aún de esta miserable y desdichada cautiva?…

–Hija mía, no pienses más en ese hombre, borra de tu mente ese amor sin sentido; soy yo quien te lo pido y te lo aconsejo.

–¿Por qué, padre?… ¿Cómo podría ser ingrata con ese joven?…

–No debes contar más con él y mucho menos con su amor.

–¿Por qué motivo? ¿Acaso se ha olvidado de mí?…

–Tu humilde condición no permite que mires con amor a tan alto personaje; un abismo te separa de él. El amor que le inspiraste no fue más que un capricho pasajero, una fantasía de hidalgo. Me duele decirte esto, Isaura, pero es la pura verdad.

–¡Oh, padre! ¿Qué está diciendo?… ¡Si supiese cuánto daño me hacen esas terribles palabras!… ¡Déjeme al menos el consuelo de creer que él me amaba y que me ama aún! ¿Qué interés podía tener él en engañar a una pobre esclava?…

—Yo quisiera evitarte este disgusto, pero es necesario que lo sepas todo. Ese joven… ¡Ay, hija mía!, prepara tu corazón para otro golpe cruel, muy cruel.

—¿Qué pasa con él?… —preguntó Isaura temblorosa y agitada—. Dígame, padre, ¿acaso murió?…

—No, hija, pero… está casado.

—¡Casado!… ¡Álvaro casado!… ¡Oh, no, no es posible!… ¿Quién se lo ha dicho, padre?

—Él mismo, Isaura, lee esta carta.

Isaura tomó la carta con manos trémulas y convulsas, y la leyó con ojos desvariados. Leída la carta, no articuló una queja, no omitió un sollozo, no derramó una lágrima y, pálida como un cadáver, con la mirada fija, la boca entreabierta, muda, inmóvil, rígida, permaneció largo tiempo en la misma posición; como petrificada al igual que la mujer de Lot al enfrentarse a las llamas en que ardía la ciudad maldita. Finalmente, con un movimiento rápido y convulso, se arrojó al pecho de su padre y lo inundó con un torrente de lágrimas.

Este llanto copioso la alivió; irguió la cabeza, se enjugó las lágrimas y pareció haber recobrado la calma, pero una calma gélida, siniestra, sepulcral. Parecía que su alma se había desmoronado bajo la violencia de aquel golpe demoledor y que de Isaura sólo quedaba un fantasma.

—¡Estoy muerta, padre mío!… No soy más que un cadáver… Hagan de mí lo que quieran…

Estas fueron las últimas palabras que, con voz fúnebre y ahogada, pronunció en aquel lóbrego recinto.

–Vamos, hija mía –dijo Miguel besándola en la frente–. No dejes que el desaliento te domine; tengo la esperanza de que has de vivir y ser feliz.

Miguel, de espíritu tímido y humilde, de corazón bueno y sensible, pero totalmente ajeno a las grandes pasiones, no podía comprender todo el alcance del sacrificio que imponía a su hija. Enfocando la felicidad más por el lado de los intereses de la vida material y no por los gozos y exigencias del corazón, concebía sinceras esperanzas de días más felices y tranquilos para su hija, y no veía que, al someterla a semejante oprobio, al destrozarle el alma, destruía al mismo tiempo su corazón. Quería que ella viviese y no entendía que aquel ignominioso consorcio, después de tantas y tan terribles torturas que había padecido, era el golpe de gracia, que acabando con su existencia, venía a agudizar sus sufrimientos.

Malvina se encontraba en el salón, esperando el resultado de la conferencia que Miguel sostenía con su hija. Rosa y André, cruzados de brazos junto a la puerta de entrada, también se hallaban allí a la espera de sus órdenes.

Malvina sintió una dolorosa opresión en el corazón al ver asomarse en la puerta la figura de Isaura, la cual sujeta del brazo de Miguel, lívida y desfigurada como una enferma agonizante, con los cabellos revueltos y con pasos inseguros, penetraba como un duende escapado del sepulcro en aquel salón que no ha mucho la viera radiante de belleza y lozanía, en aquel salón que parecía repetir aún los últimos acentos de su voz suave y melodiosa.

A pesar de todo, la miserable cautiva no había perdido su belleza. La delgadez que le acentuaba los contornos y ángulos faciales realzaba la pureza ideal y la severa energía de aquel tipo antiguo.

Los grandes ojos negros cubiertos por una luz apagada y melancólica eran como cirios fúnebres bajo la arcada sombría de una capilla mortuoria. Los cabellos, cayendo en desorden alrededor del cuello, hacían ondular por ellos leves sombras de maravilloso efecto, como guirnaldas de yedra cayendo sobre el mármol vetusto de una estatua empalidecida por el tiempo. En aquella lamentable situación, Isaura ofrecía al escultor un hermoso modelo de la Níobe antigua.

—¡Pero si es Isaura!… ¡Oh, Dios mío!, ¡pobrecita! —murmuró Malvina al verla, y se enjugó las lágrimas que a pesar suyo le humedecieron los párpados. Estuvo a punto de ir a implorar clemencia a su esposo para aquella desgraciada, pero recordó las perversas actitudes y el mal comportamiento que alevosamente Leoncio había atribuido a Isaura y se esforzó por armarse de toda la impasibilidad que le fue posible.

—Isaura —dijo Malvina con suavidad—, ¿ya tomaste una decisión?… ¿Estás de acuerdo en casarte con el marido que te queremos dar?

Isaura, como única respuesta, bajó la cabeza y clavó la mirada en el suelo.

—Sí, señora —respondió Miguel por ella—; Isaura está resuelta a conformarse con la voluntad de Su Merced.

—Hace muy bien. No es posible que ella continúe sufriendo por más tiempo ese cruel tratamiento que yo no puedo permitir mientras me encuentre en esta casa. No fue para ese fin que su difunta señora la crió con tanto mimo y le dio tan buena educación. Isaura, a pesar de tus errores, yo te sigo queriendo y no toleraré más semejante escándalo. Vamos a darte al mismo tiempo la libertad y un excelente marido.

"¡Excelente!... ¡Dios mío! ¡Qué escarnio!", pensó Isaura.

—Belchior es muy buen mozo, inofensivo, pacífico y trabajador; creo que vas a llevarte divinamente con él. Además, para obtener la libertad ningún sacrificio es grande, ¿no es cierto, Isaura?

—Sin duda, señora, ya que así lo quieren, me someto humildemente a mi destino. "Me sacan de la mazmorra (siguió pensando Isaura) para llevarme al suplicio".

—Muy bien, Isaura, demuestras que eres una muchacha dócil y juiciosa. André, ve a buscar al señor Belchior. Quiero tener yo misma el gusto de anunciarle que por fin va a cumplirse su anhelado sueño de tantos años. Creo que el señor Miguel también se sentirá satisfecho con la oportunidad que damos a su hija; en realidad, no es nada despreciable salir del cautiverio y casarse con un hombre blanco y libre. Ello es preferible a huir y andar fugitiva por el mundo. Isaura, para probarte cuánto bien te deseo, quiero ser la madrina de este casamiento que va a poner a fin a tus sufrimientos y a restablecer en esta casa la paz y la alegría que hace mucho tiempo habían desaparecido de ella.

Dichas estas palabras, Malvina abrió un cofre de joyas que estaba sobre una mesa y sacó de él un rico collar de oro que fue a colocar en el cuello de Isaura.

—Acepta esto, Isaura —dijo—, es mi regalo de bodas.

—Gracias, mi buena señora —exclamó Isaura, y añadió en su corazón: "Es la soga que el verdugo coloca en el cuello de la víctima".

En ese momento entraba Belchior acompañado por André.

—Aquí estoy, señora —dijo él—, ¿qué desea de este su humilde criado?

—Felicitarlo, señor Belchior —respondió Malvina.

—¿Felicitarme?... ¿Pero yo no sé por qué?...

—Pues yo se lo diré... Vaya enterándose de que Isaura será libre, y... adivine el resto.

—Y seguramente se marcha de aquí... ¡Oh, qué desgracia!...

—Según veo, usted no es un buen adivinador, Isaura está decidida a casarse con usted.

—¿Qué me dice, patrona?... Perdón, no puedo creerlo. Su Merced está bromeando conmigo.

—Le digo la verdad; ahí está ella para confirmarlo. Prepárese, señor Belchior, y cuanto antes, que mañana mismo se efectuará el casamiento aquí mismo en la casa.

–¡Oh, señora mía! ¡Divinidad de la Tierra! –exclamó Belchior mientras se arrojaba a los pies de Malvina y trataba de besarlos–, déjeme besarle los pies…

–Levántese, señor Belchior, no es a mí, sino a Isaura a quien debe agradecer.

Belchior se levantó y corrió a postrarse a los pies de Isaura.

–¡Oh, princesa de mi corazón! –exclamó él abrazando las piernas de la pobre esclava, que, débil como estaba, casi cae al piso con la fuerza de aquella furiosa y entusiástica embestida. Era para hacer reventar de risa a quien no supiese cuánto había de trágico y doloroso en el fondo de aquella impía e innoble farsa.

–¡Isaura!… ¿No quieres mirarme?, ¡Aquí tienes a tus pies a este tu humilde cautivo, Belchior!… Mírame, mira a este adorador tuyo, que hoy es más que un príncipe… Dame esa mano, déjame comérmela a besos…

"¡Dios mío! ¡Qué farsa tan repugnante me obligan a representar!", murmuró Isaura para sí, y volviendo el rostro entregó su mano a Belchior, quien pegando a ella su boca en un transporte de entusiasmo, rompió a llorar como una criatura.

–¡Mira a ese estúpido! –dijo André a Rosa, mientras observaban apartados aquella escena tragicómica–. ¡Y vengan luego a decirme que no está hecha la miel para la boca del asno!

–Yo preferiría que me casaran con un caimán.

–¡Este mi señor joven tiene unas ideas del diablo! ¿A quién se le ocurriría casar a una sirena con un imbécil?

–¡Envidioso!… Lo que tú quisieras es estar en lugar de ese imbécil, por eso estás ahí rezongando. ¡Me alegro!… Lo único que faltaba era que el señor te diese de dote a Isaura.

–¡Eso quisiera yo!… ¡Apuesto a que Isaura no va a casarse de buen grado!, y después… nos las arreglaríamos… Yo mandaría al demonio a ese imbécil.

–¡Qué tonto eres!…, ¿crees que Isaura te haría caso?…

–No te enfades, mi Rosa; ya el único remedio que me queda es contentarme contigo, que en fin de cuentas también eres muy bonita y… todo lo que cae en el jamo, es pescado…

–¡Oye, aguanta ahí!…, frena tus impulsos y ve a consolarte con quien quieras, menos conmigo.

Capítulo XXI

–Bien, Leoncio –decía Malvina a su esposo al día siguiente por la mañana–, ¿ya tomaste las medidas necesarias para solucionar este asunto hoy mismo?

–Creo que es la centésima vez que me haces esa pregunta, Malvina –respondió Leoncio con una sonrisa. También por centésima vez te responderé que ya he tomado todas las medidas que dependían de mí. Ayer mismo envié un mensajero a Campos y no tardarán en llegar el notario para entregar la escritura de libertad a Isaura con toda solemnidad, y el sacerdote para celebrar el casamiento. Como ves, no me he olvidado de nada. Traten de estar todos listos; y tú, Malvina, manda ya preparar la capilla para efectuar ese matrimonio que pareces desear con más ardor –añadió sonriendo– que con el que deseaste el tuyo propio.

Malvina salió del salón, dejando a Leoncio en compañía de un tercer personaje que también allí se hallaba, llamado Jorge, y al cual el lector todavía no conoce. Si decimos que era un parásito, aún no lo habremos dicho todo.

El género humano tiene muchas variedades e incluso cada individuo tiene su apariencia y carácter particulares. Era un hombre de aspecto agradable, delicado, servicial, cortés y amable, condiciones indispensables en un buen parásito. Jorge no vivía de la savia y de la sombra de un solo árbol; saltaba de uno a otro y así peregrinaba por largas distancias, lo cual era un excelente cálculo de su parte, pues le proporcionaba una vida más variada y entretenida, a la vez que hacía su compañía menos incómoda y fatigante para sus numerosos amigos. Conocía y mantenía relaciones de amistad con todos los hacendados de las márgenes del Paraíba, desde São João de Parra hasta São Fidélis. Si creemos en lo que decía, siempre andaba lleno de ocupaciones y encargándose de mil negocios importantes, aunque siempre estaba dispuesto a prescindir de ellos si alguno de esos amigos lo invitaba a pasar unos ocho o quince días en su compañía.

En la soledad en que se encontró Leoncio después de su rompimiento con Malvina, Jorge fue para él un excelente recurso cuando se hallaba en la hacienda. Le servía de compañero no sólo en la mesa, sino en el juego y en la caza; lo entretenía contándole anécdotas divertidas y escandalosas, aplaudía sus desvaríos y extravagancias y lisonjeaba sus ruines pasiones, cuando Leoncio, que lo consideraba realmente su amigo, hacía de él su confidente y le comunicaba sus más íntimos pensamientos, sus planes perversos y los más secretos asuntos de familia.

Para adentrarnos mejor en el misterio de los planes atroces e innobles y de las satánicas maquinaciones de Leoncio, oigamos la conversación íntima que van a entablar estos dos seres, dignos el uno del otro.

—Por fin, Jorge, encontré un medio ingenioso y seguro de eliminar todas las dificultades. De esta manera, espero que todo se arregle a las mil maravillas.

—Seguramente, y ya de antemano te felicito por tus triunfos y te aplaudo por la feliz combinación de tus planes.

—Pero escúchame para que los entiendas mejor. Con este casamiento se satisfacen los deseos de mi mujer sin que Isaura escape totalmente de mi poder. Como su padre se encuentra bajo mi estricta dependencia, yo sabré retener a mi lado a ese estúpido jardinero con quien la caso, y después... Tú bien lo sabes, el tiempo y la perseverancia vuelven mansas a las fieras más bravas. Entretanto, la atrevida esclava recibirá el castigo que merece su incalificable rebeldía. Me era absolutamente necesario dar este paso, porque mi mujer se negaba con obstinación a reconciliarse conmigo mientras yo conservara a Isaura cautiva en mi poder, capricho de mujer que me importaría muy poco si no fuera... y esto aquí entre nosotros, amigo mío, confío en tu discreción.

—Puedes hablar sin miedo, que mi corazón es como una tumba para los secretos de la amistad.

—Bien, como yo te decía, muy poco me importarían los enfados y caprichos de mi mujer si no fuese por el caos total en que desgraciadamente se hallan mis negocios. Como resultado de una infinidad de circunstancias que prescindo de explicarte ahora, mi fortuna está amenazada por un desmoronamiento terrible del cual no sé si podré recuperarme sin ayuda ajena. Mi suegro es el único que, con su dinero o con su crédito, puede apuntalar todavía esa fortuna que está a punto de derrumbarse.

—En verdad procedes con mucho tino y prudencia. ¡Oh, tu suegro!… Lo conozco bien; posee una fortuna sólida, y una de las firmas más poderosas de Río de Janeiro; tu suegro no te dejará mal parado. Quiere enormemente a la hija y no permitirá que su marido se arruine.

—Estoy seguro de ello. Pero eso aún no es todo, escucha, Jorge. Mi rival, ese tal señor Álvaro que tanto codició la amistad de Isaura, que no tuvo reparos en seducirla, encubrirla y protegerla pública y escandalosamente en Recife, ese grotesco campeón de la libertad de las esclavas ajenas que prometió disputarme a Isaura a toda costa, desistirá de una vez y para siempre de su necia pretensión. Observa, pues, Jorge cuántos intereses y ventajas se concilian con el simple hecho de ese casamiento.

—¡En realidad es un plan admirable, Leoncio! —exclamó Jorge con énfasis—. Tienes una mentalidad superior y una inteligencia sutil y fértil en recursos… Si te ocuparas de la política, te garantizo que harías un papel eminente, serías un estadista consumado. Ese Don Quijote de nuevo cuño, amparo de la libertad de las esclavas ajenas, siempre que sean bonitas, no encontrará sino molinos de viento contra los cuales combatir. Mucho habremos de reírnos de su desencanto si insiste en continuar su burlesca aventura.

—No creo que lo haga, pero si se aparece por aquí, podríamos burlarnos de él a nuestro antojo.

—Señor —dijo André entrando en la sala—, ahí en la puerta hay unos caballeros que piden permiso para apearse y entrar.

–¡Ay, ya sé! –dijo Leoncio–, son ellos, son las personas que mandé buscar; el cura, el notario y otro más... ¡Bien!, ya lo tenemos todo. Vinieron más rápido de lo que yo pensaba. Mándalos bajar y entrar, André.

André sale, Leoncio toca una campanilla y aparece Rosa.

–Rosa –le dijo él–, ve a llamar a la señora Malvina, a Isaura, al señor Miguel y a Belchior. Ya deben de estar listos, necesitamos la presencia de todos ellos.

–Estoy ansioso por ver la culminación de esta farsa –dijo Leoncio a su amigo–, pero quiero que ella se represente con cierto aparato y solemnidad para demostrar que me complace mucho satisfacer el capricho de Malvina y poder engañar mejor su credulidad, porque –y que esto quede entre nosotros– este casamiento no es más que una burla. Tengo la seguridad de que Isaura repele en el fondo de su alma a ese miserable idiota, que sólo de nombre será su marido. Entretanto yo seguiré esperando tiempos mejores, y confío en que mi plan surtirá el efecto deseado.

–Por mi parte, yo no tengo la menor duda sobre los resultados de un plan tan maravillosamente concebido.

Apenas Jorge acababa de pronunciar estas palabras, cuando apareció en la puerta del salón un bello y joven caballero, con elegantes atavíos de viaje, que iba acompañado de otras tres o cuatro personas. Leoncio, que ya iba presuroso a recibirlos y saludarlos, se paralizó de repente.

"¡Oh!... ¡No son quienes yo esperaba!... –murmuró para sí–. Si no me engaño..., ¡es Álvaro!..."

—Señor Álvaro —respondió Leoncio—, pues creo que es a ese señor a quien tengo el honor de recibir en mi casa.

—Así es, señor, un servidor suyo.

—¡Ah!…, gracias… No lo esperaba… Siéntese… ¿Está de paseo por nuestras provincias del Sur?…

Estas y otras banalidades decía Leoncio procurando recuperarse del aturdimiento que le había provocado la súbita e inesperada aparición de Álvaro en aquel momento crítico y solemne.

En ese mismo instante entraban en el salón, por una puerta interior, Malvina, Isaura, Miguel y Belchior. Venían ya vestidos de manera adecuada para la ceremonia de casamiento.

—¡Dios mío!… ¡qué estoy viendo!… —murmuró Isaura mientras sacudía con fuerza el brazo de Miguel—. ¿Estaré alucinada?… ¡No, es él!…

—Es él mismo… ¡Dios!… ¿Cómo es posible?

—¡Oh! —exclamó Isaura, y con esta simple interjección, exhalada como un suspiro, expresaba el desahogo de todas las angustias que le oprimían el corazón. Quien la hubiese contemplado de cerca, hubiera visto un leve rubor en aquel rostro que el dolor y los sufrimientos parecían haber condenado a una eterna y marmórea palidez; era la aurora de la esperanza, cuyo primer y tímido arrebol asomaba en las mejillas de aquella cuya existencia iba a sepultarse en ese instante en las sombras de un lúgubre ocaso.

–No esperaba el honor de recibirlo hoy en esta casa –continuó Leoncio mientras recobraba gradualmente su sangre fría y su aire arrogante–. Pero permítame felicitarme a mí y a usted por tan oportuna visita. La llegada de Su Merced hoy a esta casa parece un acontecimiento de buen agüero y hasta providencial.

–¡¿Sí?!…, me alegro mucho… Pero, ¿no tendría Su Merced la bondad de decirme por qué?…

–Con mucho gusto. Sepa que aquella protegida suya, aquella esclava de quien tanto se ocupó en Pernambuco, hoy mismo va a ser liberada y casada con un hombre de bien. Su Merced llegó precisamente a tiempo para presenciar con sus propios ojos la realización de los filantrópicos deseos que tenía con respecto a la mencionada esclava y me daría un gran placer que Su Merced asistiese a ese acto que su presencia haría aún más solemne.

–¿Y quién la libera? –preguntó Álvaro sonriendo irónicamente.

–¿Quién sino yo, que soy su legítimo dueño? –respondió Leoncio con altiva seguridad.

–Pues le declaro que no puede hacerlo, señor –dijo Álvaro con firmeza–. Esa esclava ya no le pertenece.

–¡Que no me pertenece!… –gritó Leoncio levantándose de un salto–. ¿Usted delira o está bromeando?…

–Ni una cosa, ni la otra –replicó Álvaro con toda calma–, le repito: esa esclava ya no le pertenece.

–¿Y quién se atreve a despojarme del derecho que tengo sobre ella?

—Sus acreedores, señor —contestó Álvaro, con igual firmeza y sangre fría–. Ni esta hacienda con todos sus esclavos, ni esta casa con sus ricos muebles, ni su vajilla: nada de esto le pertenece ya; a partir de hoy usted no puede disponer aquí ni del más insignificante objeto. Vea —continuó, mostrándole un fajo de papeles—, aquí tengo en mis manos toda su fortuna. Su pasivo excede extraordinariamente a todos sus haberes; su ruina es completa e irremediable, y la confiscación de todos sus bienes le será inmediatamente notificada.

A una señal de Álvaro, el notario que lo acompañaba presentó a Leoncio la orden de confiscación de sus bienes. Leoncio, arrebatándole el papel con manos temblorosas, deslizó rápidamente por él sus ojos llenos de cólera.

—¡Vaya! —exclamó–, ¿es así tan violenta y atropelladamente como se hacen estas cosas? ¿Acaso no puedo obtener alguna prórroga y salvar mi honor y mis bienes por cualquier otro medio?...

—Sus acreedores ya dieron a usted todas las facilidades y aplazamientos posibles. Sepa también que actualmente soy yo su principal, por no decir su único acreedor; me pertenecen y están en mis manos casi todos sus títulos de deuda y yo no estoy dispuesto a admitir transacciones ni dilaciones de ningún tipo. Entregar sus bienes para inventario es lo que le corresponde hacer; toda y cualquier evasiva que intente será inútil.

—¡Maldición! —vociferó Leoncio, dando una patada en el piso y arrancándose los cabellos.

—¡Dios mío!... ¡Dios mío!... ¡Qué desgracia!... ¡Y qué vergüenza! —exclamó Malvina entre sollozos.

Capítulo XXII

Dejemos por un momento en suspenso la escena del capítulo anterior e interrumpido el diálogo entre los dos jóvenes. Ellos permanecen ahí uno frente a otro, como el león altivo y magnánimo que subyuga al tigre malvado y traicionero que gruñe en vano bajo las poderosas garras de su antagonista. Es necesario que expliquemos por qué serie de circunstancias Álvaro se presentó en casa del señor de Isaura a tiempo para impedir sus planes atroces, precisamente en el instante en que éstos iban a llevarse a efecto.

Después que Isaura le fuera arrebatada, Álvaro cayó en una depresión profunda.

Herido en su orgullo, despojado del objeto de su amor, humillado y ultrajado por la arrogancia de un insolente esclavista, se sumió en la más sombría desesperación. En cuanto supo lo ocurrido, el doctor Geraldo acudió en auxilio de aquella noble alma tan cruelmente golpeada por el destino. Gracias a los cuidados y consejos de aquel tan solícito como inteligente amigo, el dolor de Álvaro se fue tornando cada vez más tranquilo y resignado. A instancia suya, Álvaro incluso llegó a convencerse de que el único camino que le quedaba en la difícil situación que atravesaba era tratar de olvidarse de Isaura.

—Todo lo que hagas —le decía su amigo— a favor de la libertad de Isaura, será una rematada locura, que no hará más que enredarte en nuevas dificultades y cubrirte de ridículo y de humillación. Ya pasaste por dos decepciones muy crueles, la del baile y esta última aún más triste y humillante. Casi te convertiste en un reo de la justicia, queriendo disputar una esclava a su legítimo dueño. Pues bien, las siguientes serán todavía peores, te lo aseguro, y te harán rodar de abismo en abismo hasta tu completa perdición.

Atendiendo a estas y a otras mil consideraciones de Geraldo, Álvaro procuró inculcar firmemente en su espíritu la decisión de renunciar a su amor y a todas sus pretensiones filantrópicas con respecto a Isaura. Fue inútil. Después de un mes de lucha consigo mismo, de siempre frustrados intentos de rebeldía contra los impulsos del corazón, Álvaro se sintió flaquear y comprobó que semejante tentativa era una lucha insensata contra la fuerza omnipotente del destino. En vano buscó, en las graves preocupaciones del espíritu o en las distracciones frívolas de la sociedad, un medio de borrar de su mente la imagen de la gentil cautiva. Ella estaba siempre presente en todos sus sueños del alma, unas veces resplandeciente de belleza y gracia, atractiva y seductora como la noche del baile, y otras pálida y abatida, doblada bajo el peso de su infortunio, con los pulsos cargados de cadenas, clavando en él su mirada suplicante que parecía decirle:

—Ven, no me abandones; sólo tú puedes romper estas cadenas que me oprimen.

El espíritu de Álvaro llegó por fin a la íntima e inquebrantable convicción de que el cielo, uniendo su destino al de aquella encantadora y desdichada esclava, había tenido un designio providencial y lo había escogido como instrumento de la noble y generosa misión de liberarla de la esclavitud y darle en la sociedad el elevado lugar que le correspondía por su belleza, virtudes y talento.

Así, tomó la decisión, fuese cual fuese el resultado, de proseguir en su generoso intento, no con la ceguera del fanatismo, sino llevado por una inspiración providencial.

Álvaro partió hacia Río de Janeiro. Al acaso, sin plan alguno, sin saber bien qué debía hacer para alcanzar su objetivo; aunque tenía una vaga intuición de que el cielo pondría a su alcance la ocasión y los medios para llevar a cabo su empresa. Lo que quería en primer lugar era acercarse a los predios de Leoncio, con el fin de obtener informaciones y averiguar si existía alguna forma de obligar al señor de Isaura a emanciparla.

Llegó a la corte con el propósito de dirigirse inmediatamente a Campos. Sin embargo, antes de partir para su destino, recogió entre los comerciantes algunas informaciones sobre Leoncio.

—¡Oh!, conozco mucho a ese sujeto —dijo enseguida el primer negociante a quien Álvaro se dirigió—. Ese hombre está completamente arruinado. Si Su Merced es también acreedor suyo, puede poner las barbas en remojo, porque las de los vecinos están ardiendo. Esa casa, una vez liquidada, apenas alcanzará para un prorrateo en el que toque el cincuenta por ciento a cada acreedor.

Esta revelación fue para Álvaro como un relámpago que se enciende ante los ojos del viajero extraviado en una noche tormentosa, mostrándole de repente y bien cerca el hospitalario albergue que buscaba.

—¿Acaso Su Merced es también acreedor de ese hacendado? —preguntó Álvaro.

—Desgraciadamente, sí; y uno de los principales…

—¿Y a cuánto ascenderá la fortuna del tal Leoncio?

—A menos de nada en la actualidad, pues como ya le dije, sus deudas exceden tal vez en más del doble a todos sus bienes.

—Pero esas deudas, ¿en cuánto se calculan poco más o menos?

—Aproximadamente en cuatrocientos o quinientos contos, mientras que la hacienda de Campos, con esclavos y todos los demás accesorios, tal vez no pase de doscientos. Ya hemos tenido con ese hacendado todas las atenciones posibles y le hemos dado más prórrogas que las concedidas por la ley; no estamos obligados a hacer más y ahora hemos decidido caerle encima con la confiscación.

—¿Y quiénes son los demás acreedores? ¿Su Merced podría decírmelo?

–¿Por qué no? –respondió el negociante, y acto seguido dio a Álvaro los nombres y direcciones de los demás acreedores.

En efecto, la casa de Leoncio, ya desde los últimos años de vida de su padre, iba en continuo descenso y desmantelamiento. El viejo gobernador, entregándose al final de su existencia a excesos y libertinajes que ni en la juventud se justificaban, viviendo casi siempre en la corte y abandonando casi completamente la administración de la hacienda, ya había derrochado una parte importante de su fortuna. A causa de la mala administración, no sólo las zafras comenzaron a menguar considerablemente, sino también el número de esclavos se fue reduciendo como consecuencia de la muerte y de frecuentes fugas, mientras que el gobernador y su hijo trataban de sustituirlos con otros nuevos que iban comprando a plazos, aumentando así, cada vez más, el volumen de las deudas.

Tras la muerte del gobernador, las cosas fueron de mal en peor. Leoncio, con la educación y el carácter que le conocemos, era el hombre menos indicado para dirigir y explotar una gran propiedad agrícola.

Sus desvaríos y extravagancias, y por último, su nefasta e insensata pasión por Isaura, le hicieron perder totalmente la cabeza, arrojándolo en un plano inclinado de gastos desmesurados, sin cálculo ni previsión alguna. Con los enormes gastos que tuvo que hacer a consecuencia de la fuga de Isaura, ordenando su búsqueda por todos los rincones del imperio, acabó de cavar el abismo de su ruina. En poco tiempo, el joven hacendado era totalmente insolvente, sin un real en su caja, y con una multitud de letras por pagar en poder de sus acreedores. Cuando éstos decidieron declararlo en bancarrota y confiscarle sus bienes, comprendieron que apenas podían embolsarse la mitad de lo que Leoncio les debía, y por ello trataron de aplicar con ahínco los recursos de confiscación antes de que el mal fuese mayor.

Después de conferenciar con los acreedores de Leoncio, Álvaro les propuso comprarles todos sus créditos por la mitad de su valor. Para evitar cualquier aversión que semejante procedimiento pudiese acarrear sobre su persona, les dijo que no tenía ninguna intención de vejar ni ultrajar al arruinado hacendado, que por el contrario, su objetivo era protegerlo y librarlo de la humillación de una rigurosa confiscación judicial y de la miseria. Y, en realidad, a pesar del odio y del desprecio que Leoncio le merecía, Álvaro no pretendía llevar hasta sus últimas consecuencias los medios de venganza que por azar las circunstancias había puesto en sus manos. Él era diez veces más rico que su adversario, y de muy buena gana, si no hubiese otro recurso, por medio de un contrato amistoso hubiese pagado una suma igual a toda la fortuna de éste a cambio de la libertad de Isaura.

Ahora que el destino ponía en sus manos toda la fortuna de ese adversario caprichoso, arrogante y desalmado, Álvaro siempre generoso, no por eso deseaba verlo sumido en la miseria.

Los acreedores no vacilaron un instante en aceptar la propuesta. Con razón prefirieron saldar sus cuentas de un modo fácil y rápido, en dinero contante y sonante, recibiendo la mitad, que incurrir en los gastos, demoras y dificultades de una confiscación de esclavos y bienes raíces, cuando no tenían ninguna posibilidad de obtener más de la mitad en un prorrateo.

Dueño de todos los documentos de deuda de Leoncio, o sea, de toda su fortuna, Álvaro partió hacia Campos con el fin de promover por su cuenta la confiscación de los bienes de aquél, y armado con todos los papeles y documentos necesarios, acompañado de un notario y de dos oficiales de justicia, se presentó personalmente en casa de Leoncio para comunicarle él mismo la sentencia de su perdición.

—¡Oh, maldición! —había exclamado Leoncio, arrancándose el cabello con desesperación después que escuchó de labios de Álvaro aquel embargo demoledor. Aturdido y casi loco por la violencia del golpe, estaba a punto de salir corriendo por la puerta.

—¡Espere, señor! —dijo Álvaro sujetándolo por un brazo—. ¿En cuanto a la esclava de que hablábamos hace un momento, que pretendía hacer con ella?

—Liberarla, ya se lo dije —respondió Leoncio con rudeza.

—Y algo más, creo que también me dijo que iba a casarla; y, perdóneme la pregunta, ¿contaba para eso con el consentimiento de ella?

—¡Oh!, ¡no!, ¡no!…, ¡se me arrastraba a ello, señor! —exclamó Isaura con firmeza.

—Es verdad, señor Álvaro —añadió Miguel—, ella iba a casarse, por así decirlo, obligada. El señor Leoncio como condición de su libertad, la obligaba a casarse con aquel pobre hombre que Su Merced allí ve.

—¡¿Con aquel hombre?! —exclamó Álvaro lleno de asombro y de indignación, contemplando el homúnculo que Miguel le señalaba con el dedo.

—Sí, señor —continuó Miguel–, y si ella no aceptaba ese casamiento, tendría que pasar el resto de su vida presa en un cuarto oscuro, incomunicada y con el pie ceñido a una gruesa cadena, como ha vivido desde que llegó de Recife hasta el día de hoy…

—¡Verdugo! —gritó Álvaro sin poder contener por más tiempo su indignación–. ¡La mano de la justicia divina pesa al fin sobre ti para castigar tus monstruosas atrocidades!

—¡Oh, qué vergüenza!…, ¡qué oprobio, Dios mío! —exclamó Malvina, arrojándose sobre una mesa y ocultando el rostro entre sus manos.

—¡Pobre Isaura! —dijo Álvaro conmovido, mientras extendía sus brazos a la cautiva–. ¡Acércate a mí!… Yo prometí desde el fondo de mi alma, y por mi honor, liberarte del yugo opresor y humillante que te sometía, porque veía en ti la pureza de un ángel y la noble y altiva resignación de una mártir. Fue una misión santa que creo haber recibido del cielo y que hoy veo coronada con el más feliz y completo resultado. Dios, en mis manos, venga al fin la inocencia y la virtud oprimida, y destruye al verdugo.

—¡Basta ya de blasonar, señor! —gritó Leoncio gesticulando furioso–. Esto no es más que una infamia, una traición, un robo…

—¡Isaura! —prosiguió Álvaro con voz siempre firme y grave–, si ese verdugo hace poco tenía en sus manos tu libertad y tu vida, y no te las cedía sino a condición de que te desposaras con este infeliz ser deforme, ahora tienes en las tuyas su propiedad; sí, porque la tengo en las mías y la paso a las tuyas. Isaura, tú eres hoy la señora y él el esclavo; si no quiere mendigar el pan, tendrá que recurrir a nuestra generosidad.

–¡Señor! –exclamó Isaura corriendo a arrodillarse a los pies de Álvaro–. ¡Oh!, ¡cuán generoso y bueno es usted con esta infeliz esclava!…, pero en nombre de esa misma generosidad, de rodillas le pido perdón, ¡perdón para ellos!

–¡Levántate, mujer generosa y sublime! –dijo Álvaro extendiéndole las manos–. ¡Levántate, Isaura, no es a mis pies, sino en mis brazos, aquí muy cerca de mi corazón, donde debes estar, pues a despecho de todos los prejuicios del mundo, yo me considero el más feliz de los mortales al poder ofrecerte la mano de esposo!…

–Señor –gritó Leoncio con los labios espumajeantes y los ojos extraviados–, ahí tiene todo cuanto poseo, puede saciar su venganza, pero yo le juro que nunca tendrá el placer de verme implorar su generosidad.

Y diciendo esto entró súbitamente en una alcoba contigua a la sala.

¡Leoncio! ¡Leoncio!…, ¡¿dónde vas?! –exclamó Malvina precipitándose hacia él; mas cuando apenas había llegado a la puerta, se escuchó la explosión atronadora de un disparo.

–¡¡Ayyyy!!… –gritó Malvina y se desplomó sin sentido. Leoncio se había reventado el cráneo con un tiro de pistola.

Bernardo Joaquim
da Silva Guimarães
Cronología

1825

Nace en Ouro Preto, Minas Gerais, el 15 de agosto. Su padre fue el poeta y escritor João Joaquim da Silva Guimarães, un nombre destacado en la política local.

1829

Se muda con su familia a Uberaba, donde inicia sus primeros estudios. Posteriormente completa su instrucción secundaria en Campo Belo y Ouro Preto.

1847

Ingresa a la Facultad de Derecho, en São Paulo, donde se revela como un inspirado poeta y hace amistad con Álvares de Azevedo y Aureliano Lessa, con los que integra la "Sociedade

Epicuréia", que pretendía instalar en São Paulo una bohemia byroniana.

1852

Obtiene el grado de bachiller en Derecho y publica su primer libro, *Cantos da Solidão* (poemas). Es nombrado juez municipal en Catalão, Goiás, región en la cual recoge material para sus futuros libros.

1860

Publica artículos como crítico literario en *Atualidade*, en Río de Janeiro.

1867

Retorna a Ouro Preto, contrae matrimonio, y dicta cursos de Retórica y Poética en el Liceo Mineiro.

1869

Publica su primera novela, *O Ermitão do Muquém*.

1872

Publica, *O Seminarista*, novela que trata el tema del celibato en el clero.

1873

Es nombrado profesor de latín y francés en el Liceo de Queluz, Minas Gerais.

1875

Publica *A Escrava Isaura*, una novela que contribuyó a promover cierto sentimiento abolicionista en Brasil en esta época. Ha sido comparada con *Uncle Tom's Cabin* (1852), de Harriet Beecher Stowe.

1884

Fallece en Ouro Preto, el 10 de marzo.